U0900262

DANG MUQIN MANMAN BIANLAO

当母亲慢慢变老

中老年女性心理健康指南

丁宁/著

中国妇女出版社

图书在版编目（CIP）数据

当母亲慢慢变老：中老年女性心理健康指南 / 丁宁著. -- 北京：中国妇女出版社，2020.5
ISBN 978-7-5127-1830-2

Ⅰ.①当… Ⅱ.①丁… Ⅲ.①中年人－女性心理学②老年人－女性心理学 Ⅳ.①B844.5

中国版本图书馆CIP数据核字（2019）第294644号

当母亲慢慢变老——中老年女性心理健康指南

作　　者：丁　宁　著
责任编辑：耿　剑
责任印制：王卫东
出版发行：中国妇女出版社
地　　址：北京市东城区史家胡同甲24号　　邮政编码：100010
电　　话：（010）65133160（发行部）　　65133161（邮购）
网　　址：www.womenbooks.cn
法律顾问：北京市道可特律师事务所
经　　销：各地新华书店
印　　刷：北京通州皇家印刷厂
开　　本：165×235　1/16
印　　张：12.5
字　　数：125千字
版　　次：2020年5月第1版
印　　次：2020年5月第1次
书　　号：ISBN 978-7-5127-1830-2
定　　价：39.80元

版权所有·侵权必究　（如有印装错误，请与发行部联系）

前言
Preface

您或许已经注意到，目前中国有大约1.5亿个独生子女家庭，并且独生子女的父母正在陆续进入退休阶段，生命由盛年走向衰老，这一现实不以人的意志为转移。谁都愿意平和、乐观、豁达地接受生命的变化，能够调整好自己的节奏，以避免由于变老而造成的心理冲击。据统计，乐观的人比悲观的人要多活7年半。然而，时代的剧烈变化、贫富差距的拉大、未富先老的客观条件，使人调整心态变得不易。

无论规定多少岁才算老年，改变不了的是，中国是世界上人口老龄化趋势最快的国家。当我们进入60岁关口时，突然发现，中国过去的人口红利已经消失；还没回过味来，人口结构的改变已经持续影响到了社会活力、创新动力、经济潜在增长率。

随着年龄的增长，女性人数慢慢超过男性，以至最终老龄化问题成了女性问题。我们这些独生子女的母亲，当能生孩子的时候，我们只能生一个；当我们能上学时，学校停课；等评职称时，要凭学历了；当我们该就业时，上山下乡；当我们年富力强之时，转型改制又下岗了。按照国际惯例规定65岁以上的人才称为老年；但在中国，50岁的女性就可能离岗加入退休大军；人一旦退休，就成了自己或他人眼中的老人。

大部分的变化是毫无预兆地出现的。这些变化中长期、常见的有："资深"单身者增多，离婚率持续上涨，工作变化更为频繁，空巢家庭年龄走低……无论想还是不想，都不得不面对。我们这些独生子女的母亲，这些在华夏大地上生活的半老或已老的女性，退休之后，多在看护可爱的孙子、孙女或外孙子、外孙女，照顾着年迈的父母，操持家中的一日三餐。有的人退休返聘，而更多的人在广场舞中施展着自己的才华与活力。

什么是老人自己的生命支撑？是儿女吗？靠不住。两代人的沟通变得前所未有的不易，付出而得不到期望的回报，不是一两家的困惑。是男人吗？有的人到老都能得丈夫宠爱，一辈子以丈夫为天，经营着一份安逸的日子；而更多的家庭则是一地鸡毛。上班时还好，退了休，夫妇在一起的时间多了，反而生发出一堆矛盾；还有的伴侣因病、因祸辞世或干脆半路分手，被动或自愿地独自走向晚境。在我们年富力强的时候，多数人得工作、家庭双肩挑；当我们走入晚境，还有年迈的父母与幼小的孙辈要去照应。我们一辈子都在付出，哪里是自己的生命位置？或许老了方才获得自己安排自己的可能？！

作为女性，我们的自身价值何在？

不管他人如何评价，女人要有自己的追求；老了，我们追求的是健康和快乐。

何为健康？世界卫生组织将其定义为：一个人不仅没有疾病、躯体健康，而且社会适应良好并心理健康。世界卫生组织曾公布全球约有 10 亿人正在经受心理、神经、精神疾病的影响。据估计，全球每年有 87 万人自杀，占全球死亡人数的 1.4%。世界卫生组织心理健康部主管萨拉西诺表示，超过 90% 的自杀案例都和心理疾病相关。可以说，心理疾病已经呈现“全球化”的态势。抑郁、焦虑成为人类的主要心病。人类已经从传染病、躯体疾病，进入到精神疾患时代。

每个人都生活在三重世界里，物质、感情、精神世界。物质是基础，感情是依靠，精神是支柱。充盈的物质生活，可以满足人的生理需求；美好的情感互动、充实的精神生活，可以满足人的心理需要。只有三方面都得到满足，人才会有好心情，才能安心、顺心、放心，而不是担心、操心、烦心。而人生不会总是一帆风顺，总会有不同程度的欠缺，导致周期性情绪起伏；特殊的环境、突发的事件都会成为心理异常的诱因，更何况到了走向衰老的晚年。

如果出现心理疾患怎么办？当然，首先得自己设法调节，然后是向外求助。近些年来，国家对于精神卫生事业越来越重视，为提高人民的心理健康水平制定了《中华人民共和国精神卫生法》《全国社会心理服务体系建设试点工作方案》《关于加强心理健康服务的指导意见》《心理健康素养十条（2018年版）》等系列条文，来满足人们日益增长的需要。争取社会支持系统的及时支持和帮助是行之有效的方法，本书也试图在您困惑或迷茫之时，为您提供解决问题的新视角。

自我调整、自我完善是人一生的功课。即便我们这些独生子女的母亲开始慢慢变老，但还是依旧有能力、有精力回顾“一胎化”政策后这40多年的生命之路；求索退休之后的生命意义，探讨在未富先老的社会中，将遇到怎样的问题；应该如何与男性、与孩子相处，又将如何独处。

独苗苗在我们的过度呵护下长大了！无论是长硬了翅膀从身边飞走，还是变成了长不大的“啃老”一族，抑或我们中有人不幸成了失独者，我们都将渐渐走向暮年。因渐渐变老，经济条件、身体状况都在下降，无论愿意不愿意都必须面对眼前即将出现的种种挑战。我们只能直面种种生存考验，写就自己的人生答案。我们将要遇到的一切，无非有三种：自己的事、别人的事和老天的事。现在我们要做的是，搞清楚哪些是自己必须得做的事，什么是别人的事，还有哪些是自己不去越界，但又应该关注的事。

能否健康，是否幸福，取决于自己，取决于内心。幸福的人生有四个关键词：憧憬，这是一个高度，让人永远站在一个制高点上看问题；胸怀，这是一个宽度，可以使人保持心境宁静；激情，这是个密度，让人永不放弃；幸福感，这是个暖度，用阳光心态体验平凡的幸福。

幸福感与金钱、地位、美丑、强弱都没太大关系，只是一种感觉，一种内心深处所领悟到的让人愉悦的满足、喜悦。它也是人所能体验到的一种积极的存在状态，不受社会发展程度的影响，且具有鲜明的文化特征。若能提升自己的生命质量，体面而有尊严地活着，就是最大的幸福。本书希望能帮您更换思路，重新平衡心态，老了活得更愉快。

假如人老了，还能不失希望，有事可做，有人关爱，就有可能带着积极的情绪，愉快地生活。良好的心态是人的生理需要、伦理需要和心理需要。

如果无力改变生活的外在环境，我们能做的就是安排好自己，做好迎接暮年到来的心理准备。按照自己的心愿，从小事开始提高生活、生命质量，融入飞速发展的社会之中，尽量不与其脱节。

目 录
Contents

第三章　中老年夫妻关系的调适

婚姻是人一生的功课。在婚姻的断崖边，黄昏夫妻如何同舟共济？夫妻之间相处要彼此珍惜与体谅，共同走完人生路。

第四章　“出城”之后再“进城”

想再婚的中老年女性自身也会遭遇诸多问题，如身心健康、经济条件、传统观念等因素的制约，还需要考虑双方子女的接受程度，以及再婚后如何与对方子女相处的问题。

第五章 如何处理好家庭关系

每个人在家庭中扮演的角色不同。如果行为超越了角色本身的范畴，就是越界，会打破应有的秩序。

第六章 养儿能防老吗

人老了之后，很可能要经历一段痛苦无望，不能自理或半自理的阶段，需要接受别人的照顾才能生存下去。

第七章　黄昏时的新朋旧友

人老了，会更多地预感时间的有限，为了缓解这种担忧，可以去寻找更多的社会支持，而朋友就成了社会支持中最为重要的来源。

第八章　做好准备安度暮年

人老了，都得面对丧偶与衰老，无人能幸免。要紧的是如何尽快摆脱和缩短因不幸或病衰而引起的心理创伤。

第一章

Part One

从“中流砥柱”到“急流勇退”

为了能让自己过上轻松的退休生活，无论现在是成功晋升，还是被迫降职，女性朋友在45岁以后就不妨开始着手做好自己的晚景规划。人生成功的标准非名非利，更不在于是否有权，而在于能否有一片天地，将自己的潜能发挥出来。如果有，就能充实地走完人生。

面对激烈的职场竞争，过“五”后需量力

人的心理活动有可能出现偏离，使心态失衡，而一旦失衡会对生活质量产生负面影响。心态不平衡需要及时调整。杰出的哲学家和心理学家威廉·詹姆斯曾经说过：“我们这个时代最伟大的发现，就是人们可以通过改变自身的思想观念，进而改变自己的生活。”

在信息爆炸的时代，知识更新，日新月异。在变动很大的时代，能保有自信，有一份健康、平和的心态，并非易事。职场的竞争，行业兴衰更替，尤其会使一些人到中年的女性感到惶惶不安。有些四十多岁的职业女性开始有了某种压力，感到随时面临着被“炒”的风险；而排斥年届四十求职者的众多招聘信息，更使她们产生了焦虑感。与此同时，随着职业经历的增长，女性的工作新鲜感也在逐渐降低。不

少女性因工作与家庭的双重负担，感到莫名的疲劳，又隐约担心这种心理疲倦会降低工作效率，削弱自己的竞争力。如事业发展不顺，往往又会怀疑是因为自己的能力下降；自信更加不足，从而降低了追求功成名就的动力。

有位在杂志社工作的不到50岁的女编辑，在岗位上一直很敬业。她所负责的栏目无论调整几次，都从来没断过档。她和作者有良好的互动，编辑能力也很到位。现在，纸质媒介被新兴媒介冲击得一塌糊涂，她所在的杂志社销量一直下滑。为了做好刊物，他们总在做着各种尝试，不断地改版。社里的决定让她觉得实施起来有些力不从心了。她不是不愿意加班、出力，而是有些找不到路径。工作出现压力时，她便对自己的能力和判断力产生怀疑，自信心下降。她很想甩手不干了。

可是不行，孩子还在读书，家里尚有老人，哪里都需要开销。丈夫在IT行业工作，刚刚又被裁员，家里收入骤减。她无论如何也不能辞职。她觉得自己承担着职业与家庭的双重责任，心里总有莫名的不安和紧张。她有时会下意识地和相识的同龄人比较，却总感觉有点自卑，处处不如人。因为杂志社效益不好，收入有限；杂志的稿费不高，很容易流失好作者，获奖机会就更少了；论文发表难，高级职称评不上，提拔无望。越比较她心里越发不平衡。她知道，心态失衡、心理压力超出了自己的承受能力会造成心理疾患，甚至还会因之失掉健康。她在极力调整自己的情绪，但依旧感觉很疲劳。

此时，可以自测一下自己的职业幸福指数。这个指数是可以量化的，它包括成就指数、成长指数、归属指数；复合指数包括工作压力大小，生活是否平衡，生理健康活力如何，心态是否轻松、积极。如果这些指标都偏低，那心情必然不会好。在这种状况下，需要及时做出调整。假如这位女编辑能更换或改变自己的工作，抑或降低对自己的期望值，就有可能让自己减压。现在她尚有一份职业，虽然这是她的谋生手段，是饭碗，但这也是低层次的事业，是她自己人生价值的实现方式。

职业分四个层次：**最高境界是在职业中能获得幸福感，生命由此得到提升；第二层，有乐趣，想起这个职业，不发怵，很快乐，享受工作过程；第三层，职业化，能完成任务，恪尽职守，起码对得起薪水；第四层就是低于职业化了**。上班就头疼，觉得净挨领导的批评，面对同行的竞争，没有能力完成好工作，心里充满沮丧。如果经常处于第四层，就得留意找找机会，调整一下自己的职业岗位了。

调动工作不是易事，尤其是在就业环境并不充分的情况下。当周围环境处在剧烈变化之时，年轻人与中老年人的生存平衡都可能被打破。不必事事与年龄挂钩，虽然就业岗位不足，可能会出现招聘时年龄、性别、地域、身体条件等各种歧视。加之没有联合国《消除对妇女一切形式歧视公约》之类的法律保障，无法找到反对性别或年龄歧视之类的就业保护。但是，只要正视这个现状，开发自己的潜能和特长，留心找到自己适合又擅长做的，就可能在求职的过程中获得机会。

玻璃天花板（The glass ceiling）一词最早出现于 20 世纪 80 年代，用来描述女性晋升到企业高层所面临的障碍。人们认为，天花板效应是由于女性特质造成的。女性在职业发展的道路上，容易为家庭和抚育子女而分心。即使能够很快地返回工作，也已经落后于男性。她们往往错过了一些重要的发展机会，所以一些企业不安排女性进入重要工作的部门。这样一来，女性受到限制，难以达到更高的职位。如果再加上社交圈子、地域等因素，在中国等发展中国家，中年女性更不易得到提拔；所以从个人角度而言，就不必做太多的个人归因，从而影响自信。

有一位年近五十的瑜伽教练，本来并不是学体育的。非科班出身的她原本是一名律师，生完孩子之后，体形变得很胖。在一次成功阻止丈夫出轨之后，她痛下决心开始减肥。后来她坚持练瑜伽数年，不但成功塑形，而且变得无比热爱运动。由于长期锻炼，她自觉身轻如燕，浑身充满活力。她从运动中培养起兴趣，从而发现了另一个自己。她回顾自己的工作状态，觉得自己在原来的工作中的贡献并不是很大，缺少价值感。虽然很努力，但是很难在工作上实现抱负和雄心，总感觉压力很大，快要被压垮了似的。比较起一堆很难绕开的权法之争，一筐不好回避的社会潜规则，她决定不再干自己的专业，转而当起一名瑜伽教练。新的职业让她感觉到一种新鲜感。

她觉得职业是功利的，事业是超功利的；职业是被动的，事业是主动的；职业是一时的，事业是终身的；职业是社会分工，事业是自我实现。她不在乎是当律师，还是当教练，哪个挣钱多。做自己喜欢的事，挣得不多也愿意。由于她的工作，让更多女性变得健康、漂亮，她觉得这是自己人生价值的体现。

她发现，快乐总是在人专心忙于某件有意义的事情时，不经意间到来的。她醉心于瑜伽推广，能在每次的运动中获得一份可意会而不可言传的幸福感，这是一件多么好的事。笨人从远处寻找幸福，聪明人在脚下播种幸福。没必要为了所谓的幸福去追求那些虚无的东西。

人生的成功并不仅指结果，更是一个过程，一种体验；不是看在做什么，而是看怎么做，过程使我们的生命充实。生命本身谈不上意义，是自己赋予生命一种意义，体验生命过程、享受生命过程正是意义所在。工作给人一个积累人生价值的机会，能在岗位上自我发挥最好；这种人生价值的背后是工作经验、社会阅历与晋升机会。如果感觉自己已经进入了职业的瓶颈期，那么撤退也是一种好的选择。变化是所有人用来激励生活信心的方法，如果离开一份自己不再喜欢的工作，拿出勇气再做开拓，也不乏一种尝试。面对激烈的职场竞争，生命过“五”之后有几点需注意：

◎ **别让自己变成工作狂**。与工作了很久的公司保持一定的距离，从参与的其他活动中发现和培养另外的兴趣。选择在与自己工作无利害关系的领域开拓人际关系，这样彼此相处起来更加坦诚。忙里偷闲，尽量挤出时间和家人待在一起，放松自己，享受生命。

◎ **做好心理准备**。人到中年，接受新鲜事物的速度会变慢，对新环境的适应性也不如从前。而此时需要做好随时转换职业、适应新的工作岗位的心理准备，明白这会比年轻人付出更多的精力和心血。对于感悟到了不惑人生的女性而言，面对职场的变化，不迷茫、不惘然，从容应对危机才是唯一正确的选择。

◎ **身体健康最重要**。很多职场女性在激烈的竞争中，不曾拿出足够的精力花费在运动上，导致了九成职业女性身体处于亚健康状态。正视自己的精力、能力的确有限，凡事不必太勉强。正确评价自己，对自己的期望值不必过高。合理安排自己的生活、工作，注意锻炼，避免过劳。

◎ **善待自己，让自己快乐**。抱怨是禁锢快乐的魔咒，解决不了问题，非但无法让人从失落悲伤的情绪中解脱出来，而且会赔上快乐。

产生悲伤、忧愁、怨恨、愤怒、急躁、烦恼、恐惧等情绪时，可以找朋友倾诉，向心理医生求助，在他们的帮助和开导下，不良情绪就会得到消解。

每天精神饱满地去迎接工作的挑战，以最佳的精神状态去面对，才能充分发掘自己的潜能，同时你的内心也会发生变化，变得更有信心，别人也会更清晰地认识到你的价值。

正视青春退场

谁都想让青春永驻，然而这是不可能的。但是，人未必得听凭岁月的摆布。每个人都有三种年龄：实际年龄、生理年龄和心理年龄。心态不同、健康状况不同，人和人即便实际年龄相同，生理年龄和心理年龄也会各异。每个人都可以决定自己的心理年龄，决定自己将以怎样的心态活着。青春逝去之后，如何活好自己，就看如何安排自己。

青春，意味着活力、魅力。

青春不再之后，应该怎么办？不能消极等待。年龄一向被视作女性的天敌。女性步入五十岁，自己也会感受到容貌的改变，不再拥有稚嫩的肌肤，不再拥有动人的曲线。随着孩子渐渐长大，再细看自己，发现腰身变粗、皮肤变糙、服饰落伍。时光稀释了青春岁月、昭华美颜，留下了多少有些“陌生”的自己。时光的轨道催人成熟、沧桑、苍老。

其实青春不再，不必耿耿于怀，正视就行。得明白青春流逝是必然，而智慧却不一定随之增长。时间带走了青春，留下开始变老的生命，然而人不一定得听凭岁月的摆布，我们有主观能动性，任何年龄都可以有自己的追求，也可以自行决定心理年龄。

有一位让人十分钦佩的女作家，2018年就已步入花甲之年，但是几乎所有读者都感觉不到她的老迈，因为她硕果累累。在当代文学领域，她几乎获得了中国所有的文学奖项，同时登上美国《纽约时报》的畅销书榜。她就是美籍华人作家严歌苓。在她进入中年之后，也曾有过强烈的痛苦，甚至有些躁郁，觉得整个世界抛弃了自己。最后帮她撑过来的是写作，写作对她而言是生命。她说：“要是不写作的话，那我生命中最精彩的部分就死了。”

中年再婚之后，她与丈夫劳伦斯因中西方文化的不同，也会常常遭遇一些小别扭，但是他们之间十分相爱，彼此体贴。她在家写作，常有蓬头垢面之时。起初劳伦斯回家，她并不在意；后来她意识到，丈夫在外面忙碌了一天，回家却看到自己这副模样，实在不够“人道”。于是她每天写完东西，都会精心收拾一番。

出门在外，无论什么场合，她都很注意保持自己的优雅与端庄。青春虽然褪色，但她依然焕发着动人的光彩。除了写作，生活中的她，身材依旧挺拔、纤细，妆容永远精致得体。正是这些打动了追求她的美国外交官劳伦斯，他曾骄傲地向世人宣布：自己的老婆是世界上最浪漫和最有情调的性感女人。而严歌苓自己说：“腹有诗书气自华，青春时代姣好的容颜都是一时的，过了这个年纪，人就要靠气质来支撑。”她有意识地保持着外表的优雅和内心的坚韧。

开始写作之后，她几乎每年都出版一本书。之所以写得又多又好，与她高度的自律有关。她很早就意识到内驱力对个人生命的重要性，只有保持内驱力，拥有高度的自律和耐心，付出的汗水才能开花结果。

她每次下笔写一部作品之前，都不会考虑时间成本和金钱成本，花大量的精力去考据和体验：为了刻画《寄居者》中20世纪40年代犹太人在上海的生存场景，她翻遍了资料，连当时的香水牌子、裁缝店构造、舞厅情况都一一记下；为了撰写《老师好美》，她跑过五所中学，跟学生一起听课，用最现代的语言跟老师、学生交流，看高中生怎么说话，孩子们如何生活；为了创作《妈阁是座城》，她往澳门赌场跑了四次，只为感受赌徒的心理，输了几万块钱，但攒下了无数富翁自残戒赌的故事；为了写《小姨多鹤》，她酝酿了二十多年，前前后后去了三趟日本。她把自己的人生写成了一部最好的作品！

严歌苓不但用生命诠释了“无龄感”，让自己抛开年龄的约束，随着心意，保持一份与年龄无关的青春式生活方式；而且她用一支妙笔，构筑了一个个多姿多彩的文学世界，不停地追逐人性的光，刻画人性的暗，写作成为她生命中非常精彩的部分，也照亮了更多的人。从她那里可以看到，女性的生命是循序渐进的过程，从可爱到漂亮，到成熟，到有气质。

告别青春之后，更会让人感受和感知到人生的艰辛与不易；体会生命的真谛。这时，自律变得十分要紧，得要求自己不断自我更新。这种努力很难坚守。人，生来喜欢享乐，当努力坚持了一段，打破了生活规律，就可能感到心理和生理的双重折磨。这时很多人会放弃，体会不到自我提升之后的快乐。而自律性强的人，坚持努力，改变自己，就会带来很强大的自信和满足，让人获得满满的力量感。

人到中年，再忙，也得留一点闲暇。经济上不富裕的，是穷人；时间上没有空闲的，是整天忙碌却没有收效的人。如果只专注当下的工作，那自律就会成为压力，转变为自我束缚，陷入忙乱。不要把时间安排得太满，靠着有效的自律，先从一件事做起，逐步实现自己的计划。如果能在规定时段内完成一件原以为做不到的事，就会慢慢享受自律。

是岁月洗涤了曾经的懵懂无知，沉淀了曾经的苦痛，遏制了曾经的内心躁动。时间模糊和淡忘了许多曾经铭刻心间的印象。中年之后，人更有必要勇敢地探索，而这是需要自律的。或许可以从以下三方面做些尝试：

◎**注意学习，培养与增加自己的内涵与德行。**有人说："女人的容貌，30 岁以前是父母给的，30 岁以后则是自己给的。"换句话说，天生丽质的容貌，是短暂的，经不住岁月的打磨；而只有靠自身的气质，才能与时间抗衡。气质之美同样是一种摄人心魄的美，可以靠逐步修炼提升，且经得起时间的磨砺。

◎**活得自信、优雅，并辅以得体的修饰打扮，才会显出气质优雅。**衣着颜色尽量明快素雅，式样得体大方；出门前适当化些淡妆，使不再鲜亮的肤色看起来不至于太晦暗；抹点唇膏，让嘴唇略显滋润。得体能让人超脱容貌的美丑，也不关乎贫富贵贱，能有一份从容自信，那便是 50 岁女性的精彩。

◎ **珍惜生命的每一分每一秒。**多读些书，增加些人文素养；在条件允许的情况下，不妨去健身房锻炼锻炼；出去旅游，到大自然的怀抱里，在清新空气中释放身心。别以“老了”做借口，拒绝年轻人的邀请。只要是感兴趣的东西，立刻开始从头学起。

正视青春退场，用优雅的内在气质彰显生命的活力，学点实用的生活美学，使自己风韵照人，无论何时何地都不会自惭形秽，从而会让自己越活越精彩。

女性更年期来袭

女性在45岁之后逐渐进入更年期，生育能力衰退；在家庭与社会中的地位受到挑战，子女开始独立，一些工作被年轻人接替。种种变化，打破了她们长期养成的某些习惯，内心会产生焦虑、紧张、自卑等情绪。若长期不能缓解，会使人心态失衡，身体也会出现病态。

四十多岁的职业女性，有人事业有成，却性格极其要强，做事追求尽善尽美。随着岁月的流逝，她们可能担心青春不再、红颜逝去，更担心在人才辈出的激烈竞争中，失去优势，甚至失掉手中的饭碗。这种过分的忧虑和担心，使很多职业女性提前进入了更年期。一般女性在45～55岁进入更年期，排卵和月经停止，失去生育能力，这主要是因为卵巢功能衰退以至消失。更有甚者，会在更为年轻之时就出现更年期的一些状况，被称为隐性更年期。隐性更年期出现在真正更年期来到之前，以自主神经系统功能紊乱为主要症状。自主神经布满人体全身，其最大特点是不受意志控制而自主调节。女性进入更年期，由于卵巢功能下降，激素分泌水平降低或突然消失，身体变化引起心理波动，导致工作、生活、家庭出现一系列问题。

我曾接待过一位四十多岁的女性来咨询，她自己感觉身体状况不太好。她只有一个患孤独症的女儿，十来岁了。孩子刚生下来时，她并未意识到孩子有问题，小姑娘长得水灵灵的，很漂亮，后来才发现问题。

那时她母亲刚去世不久，女儿从南方被接回她身边，正在适应幼儿园的生活。她不会和小朋友玩儿，不与别人打招呼，整天呆呆愣愣地生活在自己的小世界中。女儿小的时候还曾会背唐诗，可是谁曾想到后来连学都上不成了。即便女儿长大也融入不了社会，她没有独立生存能力。

她和丈夫都是比较内向的人，他们的难与苦，总是自己放在心里，不愿倒与外人。丈夫是个重脸面的人，把一个得了孤独症的孩子整天放在单位宿舍，也是背负了强大的心理压力。但凡有可能，他是不会愿意带闺女搬进宿舍楼，只是那时能分到三居室的房子太难得了，只得入住，别无选择。

在孩子常年患病的家庭里，劳神、焦虑、辛苦导致夫妻反目，整天闹心。不知他们两口子彼此处得怎样，他们也没说。也许太长时间的隐忍与挣扎让癌症不知在什么时候找上了丈夫，他至死都未曾闭上双眼。

丈夫死后没几年，她就觉得自己的身体也出现了状况。不但皮肤松弛、瘙痒、失水起皱，脸上还出现色斑，乳房下垂、体型趋胖，而且会在公众场合突然面部潮红，随即盗汗；有时会感到心口闷、心动过速，甚至怀疑自己得了心脏病；也时有腹泻或便秘症状交替出现，从而更加重了自己的紧张情绪。因为现代社会工作节奏加快，她觉得被“炒”的可能性随时都存在。她不能下岗，因为有孩子要养。她一直绷着这根弦，精神极度紧张。这又让她的睡眠出了问题，长时间睡不好觉，各种慢性病都找上门来。缺觉不但让人更加肥胖，而且经常觉得胸闷、心动过速，还时而头晕目眩，感到疲乏或精力不济，注意力难以集中。她对许多事情都不感兴趣，有时会无端发怒、想发火，莫名其妙地想哭，心情总是很抑郁。她常常很忧愁，不知道女儿在她老了之后该怎么办？

这是更年期综合征的典型表现。绝经前后会出现性激素波动引起的一系列神经系统功能紊乱，伴有心理症状。此时应该到医院就诊，以确定病因。她的状态当然与她内心的焦虑有关，也与身体状态直接相关。但忧愁无济于事，只有调动积极的心态设法做好自己的工作，跟上变化的时代，尽量避免被“炒”。这才是必要的。

女性更年期综合征来袭，怎么办？大豆异黄酮是一种具有活性的植物雌激素，可以双向调节女性体内雌激素水平。当体内雌激素水平低时，大豆异黄酮显示出弱的雌激素活性，以增强体内雌激素水平；而当雌激素高时则显出抵抗作用，降低体内雌激素水平。黄豆富含大豆异黄酮，在不过敏的情况下，如果更年期女性每天食用些豆制品，会减轻更年期综合征发病症状。

衰老是让不少人担心的问题，衰老与激素平衡密切相关。特别是进入更年期后，体内雌激素水平明显下降，引发内分泌紊乱，导致一系列身体不适症状。同时，雌激素的减少降低了钙的吸收和利用率，使骨质密度下降陡然加快，对女性健康产生长远的影响，导致更年期后的女性更容易衰老。此时，女性特别需要补充有利于稳定体内雌激素水平的食物，可以帮助调节体内雌激素的水平，从而预防骨质疏松的发生，同时也会减轻一些与雌激素水平降低有关疾病的症状。

更年期女性的不良心理反应因人而异，有轻有重。一般来说，条件优越、生活富裕、社会地位较高的女性状态比较明显。在这一阶段有时会莫名地悲伤，除了食补之外，需要做适当心理调适。家中长期有病人的中年女性更加需要。

人到中年，为了维持已有的生活需要、抚养孩子、不至于物资太过匮乏，总在努力付出。为跟上时代，不掉队，得充电；老人要管，孩子要帮，有时很忙、很累；一些闲暇，总是渴望把心里的烦恼、忧虑向人倾诉，但又常常苦于找不到可靠的、有耐心、能够理解自己的倾诉对象。能找到合适的人，倾诉一下自己的心理感受，得到及时宣泄，是缓解心理压力最好的排解方法。

通常情况下，出现更年期综合征的女性平均年龄是45岁左右。但是随着现代生活节奏的加快、工作压力的增加，以及难以控制的环境问题，导致更年期不断提前。每个人更年期的持续时间也长短不一，可持续1至3年。到了这个年龄，女性需要予以注意，以确保自己顺利地度过更年期。

有一位自主创业的中年女性，或许是激素变化使她有些情绪波动。那段时间工作压力大，导致她心情不佳，总是很烦躁，老想和别人吵架。有一次，和客户谈生意，她忍不住发了火，结果跑了一大单。这下她心里更难受了。争强好胜的她不想被这种心理感觉压垮，她决定不等被“炒”，自己就辞职出来单干。

她根据自己的爱好，选择经营了一家舞蹈服制作公司。因为现在跳舞的中老年女性人数不少，她自己也是其中的一员，能理解客户需求。她很能干，设计的舞蹈服既时尚又含蓄，既性感又不张扬，广受欢迎。事业也因之干得风生水起，不知不觉中把自己的全部精力都投了进去，忘记了什么更年期不更年期。因为自家的企业得拢着员工，也不能随便冲谁发脾气。有了兴奋点和投入的空间，她的更年期后来过渡得很顺利。

更年期是女性一生中必须经历的自然生理过程，是个过渡时期。一般来说，经过一段时间，待内分泌状态重新稳定后，躯体症状就会消失。处于这个时期的女性要努力提高自我调节能力，对出现的一系列更年期综合征表现既要重视，又要有足够的精神准备，有意识控制多种症状的发展，减轻不适反应，而且不必太紧张，以顺利度过更年期。

人的一生都会经历更年期，但发生更年期综合征需要医治的人却不太多，女性约占 10% ~ 20%，男性不足 10%。更年期综合征的个人表现轻重不一，持续时间也有差异，轻的可以安然无恙，重的可能影响工作，甚至发展成更年期疾病，短的几个月，长的可以延续几年。防范更年期综合征来袭可以采取以下几项措施：

○ **定期做妇科检查。**更年期是妇科恶性肿瘤的高发时期，要每半年至一年做一次妇科检查，以便及早发现更年期常见的器质性病变。许多更年期女性往往不愿意接受妇科检查，放弃检查是放弃对自己生命的保护。

◎ 对于有明显焦虑、忧郁等紧张情绪的女性，在药物治疗的同时，可辅以适当的音乐治疗。音乐以旋律平和、优美、舒缓、抒情的内容为主，以协助大脑皮质功能协调平衡，改善不良情绪。

更年期女性应尽量保持心情舒畅，避免精神负担过重、过于疲劳和情绪激动、精神紧张；排除消极、焦虑、恐惧等情绪，正确对待子女离开、职场退休、职务变换等现实问题。

奏好退而不“休”，自得其乐的过门儿

退休之前，如果能提早做出规划，就能活出自己精彩的下半场。提前规划老年生活，可以缩短刚退休时的摸索阶段，很快进入快乐的退休生活。由于大多数人前半生一直忙着工作，忽略了培养自己的个人爱好，也没能多交几个至亲的朋友，一旦从职场上退下来，就会觉得自己失掉了价值，甚至可能会出现抑郁的征兆，因而退休前做好一定的心理准备十分必要。

本来事业与工作就不是一个概念，如果工作只是一种谋生的手段，而不是一种醉心于其中的事业，那不妨在退休前的一两年就有意识将自己的工作节奏慢下来。好比一个跑步的人，不能突然停下来，而要放慢脚步从小跑、快走、慢走，到最终停下一样，突然立定就会摔倒。人不能高速运转到退休的前一天，要提前将手里的工作逐步交代给别人，一来自己可以适应一下清闲的状态，二来可以提前培养自己的兴趣爱好。

有一位在报社当副总编辑的女性，她干了一辈子报业，对职业可谓驾轻就熟。觉得再过个三四年便可以退休了，依自己的能力和敬业精神，安全着陆应该没有问题。她不但没有做任何减速告终的准备，甚至还很享受眼下的工作状态。本来，因受到网络新兴媒体冲击，报纸印数下降，她不是完全没有感觉，但是由于快到退休年龄了，也就没有像过去那样，再试图寻觅一个能重新谋求发展的新工作。更重要的是，现在的岗位是领导岗，在报社她说了算，换到一个新的单位，她得听命于别人，想想就觉得有些不爽。女性一过了 45 岁，找一个平调的岗位都很难，被提升更是非常不易。侥幸心理使她没着手调动。

可是万万没有想到，她所在的报社连同另外几家纸媒，竟然一下子被撤了刊号。也就是说，她原本干得好好的，竟然不但从管理岗位上撤了下来，干脆连内部转岗的可能性都没有了。她觉得有些失落。孩子还没成年，家里尚有需要偿还的房贷，突然撤刊对她的冲击相当大。怎样度过这退休前三四年的光景，如何打发即将到来的退休生活，她觉得心里很是没底。

对一些中老年女性来说，如果正处在职业的巅峰状态就要面临退休，会发现自己一旦失去工作这个生活重心，一下子非常失落。反而对于一些人来说，退休之前可能已经处在停滞状态，只是在做习惯性维持。如果是这样，既然已经茫然无措，还不如利用这段时间做一做退休前的准备，不然就太可惜了。这是一段可以用来调整的时间，关注一下自己的兴趣所在，提前做好退休后的规划，是一种积极的安排。

也许以前精力都放在工作上，对退休后的生活从来没有太做考虑。这时就有必要好好考虑一下：短期计划是什么？长期计划如何？实施这些计划需要哪些条件？自己具备不具备？还有什么问题有待解决？这些需要想清楚，一一列出计划，然后按照目标执行。

一位退休后在野鸟会担任常务理事的大姐，退休前就已经规划好自己的生活。她从年轻时就热爱大自然，退休后和朋友一起到处观鸟，还担任了鸟类调查的领队，带着学生志愿者做鸟的环识、举办鸟类专题讲座。她把退休后的行程安排得满满的，比工作时还忙。她经常带队去观鸟，参加各地的观鸟大赛，既锻炼了身体，又增长了知识。大家高兴，她更快乐！

人怕的是闲着，很多人怕退休，是因为不知道退休后要做什么。有二三成人退休后感觉忧郁，每天起床后都觉得无趣，不知道时间该如何打发。其实，退下来之后可以培养自己的爱好，琴棋书画、阅读、种花、观鸟、旅游、摄影、写作、运动，都可以陶冶情操、增强体质。忙碌让人年轻，也会使忧郁不药而愈。

退休后大部分人可能会选择旅行，退休前就可以着手做这方面的准备。先热身，做做市场考察，看自己的体能和经济条件，更适合去哪些地方。开心就好，不必攀比。根据自己的能力确定，别设定超出自己能力的目标，不然达不到只会导致心理不平衡，让情绪处于低谷。

决定人平庸与否，不仅在于能力，更重要的是心态。心态决定面对困难、压力、挑战时，到底以什么样的精神面貌和底气去面对。心态好需要综合素质。如果一个人胸襟开阔，凡事拿得起、放得下，烦恼就可能转化。无论是从领导岗位，还是任何岗位上下来，能依旧保持轻松平和的心态非常重要。机会被有些女性自己习惯性地放弃了；她们习惯了把美好的愿望寄托于别人，而不是掌握在自己手上。为自己开拓一条通向美好未来的路，才是把牢的关键。

有一位搞装帧设计的女性，她在一家公司干到了快退休的年龄，突然由于公司不景气，她被辞退了。说起来，她是一个非常敬业的员工，不知有多少天、多少次，为了完成工期，她没日没夜地加班赶进度，从来没有抱怨过什么。在这家公司一干就是二三十年，而这次说开就开了，她同样也缺乏足够的心理准备。然而，她是一个内心颇为坚强的女性，绝不向命运低头。

她觉得不能把养家的责任都压在丈夫一个人身上，自己是母亲，有义务分担家里的开销。她是美院毕业的，自己的绘画功底也不错，便主动联系到一家社会开办的美术学校去教孩子绘画。因为她自己能创作，能力比较全面，从素描初级班开始教起，一直教到素描考级班，成为那所学校的骨干教师。她教出来的学生创作的作品曾拿到国外举办的国际儿童创作大赛参赛，获了一等奖；被她辅导的学生通过美术考级的更是不计其数。

在美术教育这一行，她竟一干又是十多年。同龄人都退休了，她还在干。她还利用假期外出采风，边教书，边自己搞创作，成了一个不让自己退休的女人。她还在筹备自己的画展。她顽强地在退休前开辟出一片自己可以把控的小“花园”，常绿常新，生机盎然。

女人不必委屈自己，不管生命的年轮画到了哪一圈，都要设法给自己一个机会。不惧怕改变，做自己的主人，才会真正拥有豁达开朗的快乐，拥有实实在在想要的幸福。

自律分为两种，自我约束和自我勉励。一个人最大的绝望是觉得自己活着没什么价值。而四十多岁的女人常常会由于丈夫的冷淡、孩子的长大，感觉自己不再被需要，没用了，引不起关注。此时更需要自我勉励，具体建议有以下几点：

◎ **拥有好心情，善待自己。**无论退休之前是否满意自己的生存状态，无论处于何种状况，都善待自己，设法让自己有一个好心情。此时应该特别明白，人无论怎么努力，都无法使人生达到尽善尽美，用积极的心态去面对这种不完美就行。缺憾，其实也是一种美。没有缺憾，那么生命就像一潭沉寂的死水，不能引人入胜。

◎ **寻找一份关心与关注。**退休前后要有一份关心与关注，无论是社会生活，还是兴趣爱好，都十分重要。这种关注最好多样、广泛，有利于度过退休前的缓冲期。用积极的心态把烦恼抛到九霄云外，用最适当的方式过好夕阳生活。

◎ **展示自己的生命价值。**此时一定要记住，重要的不在于自己是否有收获，而在于是否还可以创造；不在于得到什么，而在于付出什么；不在于能学到什么，而在于能传授什么；不是考验能力大小，而是在于好的性格；不在于是否成功，而在于可否发挥自己生命的价值。

第二章

Part Two

不可避免的代际纠葛

许多人最大的生活动力，是对子女发展的期待。然而，两代人的成长背景、知识结构与面临的选择差异很大，代际纠纷在众多家庭不断上演。儿女当然会按自己的好恶做出自己的选择，与父母不可能完全一致。如果两代人之间界限不清，父母不顾孩子的感受，一味地从“爱”出发，无视孩子已经长大，给予过多干涉，那给孩子留下的重创绝不亚于暴力。硬要替孩子做出决定，以“爱”的名义强迫子女接受，很容易造成冲突。老人有潜在的控制欲，不会不被儿女觉察。自己不幸福，儿女心情也不会舒畅。

从“满巢期”到“空巢期”

家庭有生命周期，处于不同家庭生命周期的人心态是不同的。每个母亲都可能经历初婚、生育、满巢、离巢和空巢期。作为中老年女性，前三个阶段已经翻篇，而后两个阶段皆与亲子关系有关，尤其是独生子女的父母，代际纷扰更是影响心境。老龄委曾公布过一组数据，城市社区空巢家庭已占到老年家庭的半数。

从“满巢”到“离巢”，是指孩子离开父母到外面求学或者工作。不仅仅是孩子需要适应新环境，父母也必须重新调整心态。这时，母亲恰逢更年期，一旦更年期遭遇青春期，母亲可能更易怒、失掉耐心。

有这么一对母女，女儿就要高考了，母亲觉得她一味地拼命学习太累了，就想让女儿放松一下，和她一起去游泳。母女一道骑车去游泳馆，两人说着说着话，谁曾想一言不合，女儿掉转车把就走，母亲一把抢过书包，女儿头也不回地飞驰而去。母亲弄不清自己哪句话没说对，也赶紧骑车往家跑。到家一看，家里没有女儿的影子。手机、钱包都在自己手里，女儿就这么没影儿了。这下把这位母亲急得如同热锅上的蚂蚁，每个小时对她都是煎熬。母女对立已经不是一天了，可她万万想不到女儿竟然会玩失踪。幸好，当夜幕降临之时，随着女儿的敲门声，母亲的担心与焦虑才得以化解。

应该说，这位母亲虽然对女儿的爱是满满的，但是方法是“填鸭式”的。她的丈夫是家中的独子。在她怀孕之后，全家人眼巴巴地盼着生个男孩。婆婆直率地对她说，自己就喜欢男孩。当做完了B超，知道她怀的是女孩时，似乎全家都很失落。就要进产房了，小姑子还抱着一线希望地问，会不会生出来是个男孩呢？这时她心里暗暗发誓，就算是女儿，也一定不让她比别的男孩差。

从孩子落地，她就搭上除工作之外的全部时间来管教女儿。女儿刚上幼儿园，她就买回全套幼儿园教材。女儿从幼儿园一回家，她便和女儿一道把幼儿园需要学的课程全部再过一遍。她还给女儿报了绘画、英语、书法等一串辅导班。不是女儿自己对这些有兴趣，而是她让女儿去上这些辅导班，希望能开发女儿的潜能。她带着女儿去学游泳的路上，一边骑车还一路背着古诗。

她占据了女儿除睡觉之外全部的作息时间。女儿从小就几乎没有自由玩耍的时间，回家之后，不是认字，就是练琴，再不就是做功课。虽然女儿提前学会了不少知识，小学六年光大大小小的奖状就得了30多张。可是由于母亲很少引导孩子自己去发现、了解问题与寻找解决问题途径的习惯，几乎所有的事都是母亲代她决定，忽略了调动孩子好奇心的重要环节，抑制了她发现或萌生提高自己某方面能力的需求。刚上小学时，女儿对母亲说："我想参加学校的合唱队。"母亲说："参加这个太占时间了，不值。"女儿一脸失望，只好放弃了。母亲脑子里光是一味的效率、效率，生怕女儿分数受影响，甚至不敢让她多读文学作品。

母亲总是告诉女儿："一切全靠你自己的学习成绩，咱们家没钱、没权、没路子。成绩不好，你就上不了好学校。"她把自己内心的焦虑转嫁到女儿身上了。平时晚上，母亲连自己想看的电影或电视剧都不看。自从女儿上小学之后，家里一看完《新闻联播》之后的《天气预报》节目就关电视；生怕开着电视，女儿做功课会分神。平常母亲要求女儿事无巨细地向家里汇报，比如说在学校都做了些什么，有哪些好朋友……下课后，女儿回家稍晚，母亲就焦虑得不行。她总想替女儿规划一切。都到女儿上高中了，母亲还在一年不落地参加高考招生咨询会。女儿希望能争取出去读书，可母亲觉得她这种想法近乎痴心妄想。

女儿长大之后，对母亲很是不满。她觉得母亲的这些做法是以压抑自己、替自己做主作为代价的，太功利了。母亲听女儿这么说很是无言，面对女儿对她没头没脑的抱怨和恶劣情绪的发泄，母亲也完全蒙头转向了。

本来，如果这位母亲有意识地引导、培养孩子的自主学习能力和判断能力，让孩子按自己的节奏慢慢长大，而不是去催，孩子会身心健康地成长。可是在激烈的竞争面前，这位母亲完全忽略了这些。到了女儿的青春期，她对母亲过于强势的控制很是不满。她反感总是有一串串明确任务的童年，因为她所有的努力都是被动应战，少有以自己为动力，主动去学习的。长大了，她便有些茫然，不知道自己究竟想要什么，什么是最有价值的，因此她活得并不快乐。而由于母亲从小没有引导她如何接受失败，怎样让自己越挫越勇，她的焦虑情绪延续了好一段时间，不知道如何宣泄，只好对母亲发泄，因为这样做最安全。

而这位母亲的知识储备也并不充足，不明白人在青春期，身体里的5-羟色胺以及多巴胺水平降到最低。这两种神经激素皆与兴奋度和快乐情绪有关，所以很多孩子在青春期会感觉不快乐和无聊。他们迫切想要离开原来熟悉的环境，进到不熟悉、不确定，甚至充满不安全因素的广阔世界中，冒险和刺激才能使他们获得快乐，扫清无聊的感觉。这时做父母的需要耐心，再耐心，陪伴儿女成长。这位母亲显然不明白这些，因为无知，加之自己不知不觉到来的更年期烦躁情绪，她反倒落了一肚子委屈，觉得自己处处把女儿排在首位，一切服从女儿的需要，反倒招致女儿的不满。

如果母亲的表现是温和的、宽容的，用心倾听孩子心底的声音，去体会一下女儿的真正需要，感受孩子的感受，设下底线。底线以下，做一些讲究方式的坚持；底线以上，不去多问，放手就行，便可以给孩子以成长的空间。可是这位母亲不是这样，她无知还较真，很想弄清女儿为何不快乐，让女儿告诉她，自己究竟错在哪里，让她把恶劣态度说清楚。这下子母女可杠上了。一时解不开扣，短期内又无解。最终以女儿申请到奖学金，赴远方读书，彼此拉开距离，结束了这种尴尬局面。

孩子长大之后，迟早会有对生命意义的追寻，从迷茫到清醒。这位母亲总是过于把注意力放到孩子身上，过度关注，太希望她完美，无形之中就构成了对孩子无言的压力，势必会引发女儿的反感。母女间那份太浓的爱与一味地关注，会对孩子构成一种压力。

谁都做不到完美，无论怎样努力都达不到。**人会有意无意地伪装起自己的困惑，艰难找寻生命的意义，找寻应该怎样生活的答案。这种迷茫的滋味会让成长之中的孩子不舒服。**怎么办？往哪里发泄？向父母宣泄，应该是条安全通道。父母得尽可能理解他们，不去介意儿女的态度，更不必被宣泄所激怒。争吵，甚至轻率批评，注定会让冲突升级，甚至引起出走等过激举动，让彼此的关系恶化。当冲突发生，如果能等待一时半会儿，这段时间就能让尖锐的情绪平息下去，然后再询问孩子的感受。当孩子在描述自己感觉的时候，脑部前额皮质会被激活，人的情绪可以得到安抚，然后两代人之间就能理性地对话了。

青春期是儿童走向成年的过渡期。这时，无论男孩、女孩都会经过身体别样的一段时间，慢慢成熟。青春期是人的体质、心智发育的关键时期。在这一段时期，孩子慢慢褪去儿童的稚嫩，逐渐形成自己的个性和价值观念。青春期之前，孩子是只温顺的“绵羊”。如果做错了什么，父母批评，他们会反省、基本接受批评意见。可当步入青春期，他们就会感觉自己无所不能，若取得了一些成绩，很容易藐视一切。几乎每次与家长的争吵都含有自负、骄傲和蛮不讲理的成分。

同样，处在更年期的母亲，一旦与孩子之间有了分歧，彼此间的关系会变得极不融洽。如果伴随双方情绪的变化，这一阶段发生冲突的时候，母亲与孩子往往都会烦躁、冒火、暴跳如雷，一说话就像吵架。母亲还可能引发焦虑、失眠，对问题的理解太过单一与偏执等。

在亲子关系中，父母如果总是不能意识到孩子已经长大、独立，总强调自己是为了孩子好，强行干涉孩子的一切，就会让两代人都苦不堪言，甚至两败俱伤。不少母亲觉得自己已经给足了孩子自由，而孩子未必觉察不到父母潜意识中有“授权”或“施与”的念头。与孩子的想法不同，许多父母并不觉得独立是孩子长大之后本应获取的权利。孩子的不满，往往是因为父母管得太宽。父母的气愤在于：为你操碎了心，大人说话都不听了……而孩子觉得：烦死了，怎么什么都要管……没有几位家长能把握好两代人既亲密，但又有空间的关系。不妨试试下面的建议：

◎ **适度放手**。面对成长中的孩子，母亲不必强调一定得走捷径。只要不过度关注，适度放手，孩子的压力就不会有那么大。做父母的不可以把自己的所有关注与希望都集中在孩子身上，这其实也是一种自我失落。对孩子的期待应该是人格健全、完善，积极向上，有独立的能力，不必太看重成绩。母亲如果忍不住对儿女发脾气，自己又不控制，只会加剧冲突。这些做法也许是受到了几千年来君臣父子传统的潜意识影响，当然也存在更年期问题；可以做一点儿心理调适，并在医生指导下加以适当的药物干预。

◎ **平等对话**。与上一代人不同，独生子女一代当了父母之后，他们开始注意和孩子的平等对话，注重尊重孩子兴趣，引导孩子独立自主。能给孩子以个性化教育的家长，就更有可能在家庭中给孩子更宽松、自然的成长环境。这是家庭关系中一种积极的转变，与家庭经济条件及家长能有意识主动学习有关。而一代独生子女的父母，孩子已经成年，现在更有精力、有条件去自主学习，不妨有意识地做个计划，让自己慢慢进步，为孙辈的养育做好准备。

真正的母爱是放手

几乎所有父母都强烈地关注自己的孩子，他们将大部分精力放在孩子身上，想把自己年轻时摔倒的“坑”为下一代填上。而下一代在不断成长，想走自己的路，觉得哪怕摔倒了也无妨。但是如果没有把孩子当成他者，和孩子之间没有界限感，就会在两代人之间造成隔阂。真正的母爱是放手，能不能放，这是两代人可否处好关系的关键所在。

孩子出生时，百分之百依赖父母。后来他的世界越来越大，最后完全脱离父母。而父母最初对孩子零依赖，后来他们越来越老，最后百分百依赖孩子。然而，如果两代人关系搞僵，晚年的依赖则无从谈起。能否建立起彼此的信任，是一切关系成功与否的关键所在。

有一个30多岁的小伙子，10多年没回家过春节，6年前在社交圈屏蔽了父母，断了和家里的所有联系。12年里只回过一次家，还是因为要换身份证。他写了万字长文来控诉父母，文中逐一阐明自己对父母的不满和原因。

小的时候，母亲总是按照自己喜好来包办他的事情。母亲本想再要一个女儿，但因政策不允许，没有实现。在他两三岁的时候，喜欢把他打扮成女孩；学校规定文艺演出穿短裤，母亲强迫他穿长裤，让他觉得很丢脸。他喜欢奥数，但是父母并不支持他去学。到北京读书，父母要求他给大姨打电话请求照顾；出国留学，父母又到处托朋友照顾他。这些都不是他想要的，他对家长的做法很是生气和反感，觉得是对他的控制。他认为父母从来没有尊重过他，不和他平等交流。

回国后，他收到过父母的邮件，希望和他聊一些他感兴趣的话题，但是被他拒绝了。他说："我喜欢的话题有人聊。"儿子与父母的关系至此打住，他们都没能重新梳理两代人的关系。

儿子不回家，父母只好向亲友解释儿子忙。有人问这个小伙子："父母就你一个孩子，把你抚养大，让你进了令众人向往的高等学府，你现在采取这样决绝的态度，想过他们的感受吗？"儿子竟然回答："那是他们自作自受！"

好的家庭，一定要有界限感。如果毫不松懈地管教孩子的一切，一定会和渴望自由地活出自我的孩子之间产生矛盾。**母子之间都需要为建立彼此间亲密关系而做出努力，并非母子间天生会关系密切。**父母如果对子女横加干涉，孩子在缺乏尊重之下长大，影响的不仅是孩子的童年，甚至可能是孩子的一生。**亲密关系是建立在信任的基础之上的，**父母对儿女是否有足够的信任？孩子希望被善待与尊重，希望自己能在和父母的相互关系之中得到满足。父母与孩子相处的过程，能让他获得这种感觉吗？现在两代人的关系已经完全不同于传统的君臣父子，不是一种服从关系。如果两代人要想处得好，亲密关系中**了解**、**关心**、**一致**、**信任**、**承诺**、**依赖**六要素哪方面都不可忽略。父母是否了解孩子的内心需求？关心是无条件的吗？父母的言行是否一致？能真正信任成长中的孩子吗？父母的所有承诺兑现了吗？彼此间没有依赖，会影响亲密关系的实现。

不少家长忽略无数件小事累积起来，将会对孩子构成极大的伤害。这种伤害，心理学上叫"微小生活事件创伤"。有两点是父母特别需要留意的：**正确地认识自己、正确地对待他人**。这是父母从小引导和培养孩子应该具有的心理素质。如果孩子比较敏感，加之自我认知欠准，过于自恋，又没有其他方式纾解内心抑郁，就会影响与他人建立亲密关系，其中也包括和父母的关系。自古以来，中国家长就有"望子成龙，望女成凤"的期待，父母希望孩子获得自己未曾拥有的成绩，孩子经常肩负着一个家族的希望。"永远要做第一名"的激励竟成了伴随孩子一生的魔咒。无限的追求完美，使孩子争强好胜，容不得半点失败，这甚至成了抑郁症的起点。

案例中的儿子对自己做出比常人更愤怒、更具攻击性的反应，做父母的能不痛心疾首吗?！自己辛苦养大的独生子，断绝一切音信，对正在老去的父母来说，无疑是生命里最强的痛楚和残酷。因为独生子女政策，所以母亲没机会再生一个女儿。这事搁在这个家里，成了困扰儿子成长的大事。如果他的母亲早点意识到这一点，也许这种伤害是能够避免的。

在孩子的成长中，父母得用心观察和分析孩子的天性，充分了解孩子，才可能选择与之匹配的教育方式。孩子的天性禀赋差异甚大，得用适宜的教育方式对待不同的孩子。很遗憾，案例中两代人之间的关系还待修复。

作为独生子女的母亲，对孩子是万千宠爱集一身。当孩子长大，该如何做才依旧是一名慈祥、可爱的好母亲呢？这并不是容易得到的答案。不懂得尊重孩子的个人权利，不明白他们个人隐私的边界所在，随意冒犯、越界行为的出现，随着儿女逐渐长大，反感只会越来越强烈。良好的亲子关系是身心健康的关键性保障。父母与孩子之间，如果没有良好的关系，没有顺畅的沟通，任何问题都可能出现。当然不是所有父母都做得不到位，也有成功的范例。

有一家，父母与孩子皆事业有成。这位母亲并未感到儿子有过明显的逆反期。她对儿子从不无原则地絮叨，总是平等、民主地对待他。要求孩子做什么事，总是先和他商量，让他能体会到理解和平等。起初他们一家在外地工作，政策允许子女户口迁回北京。那时正赶上儿子小学毕业，可以直接到北京考中学。但两地的课本有差异，他考试的成绩一般，连区重点中学也上不了，只能按片儿分配到一所普通中学。那所中学排名不太好，号称“胡同串子”的孩子多。这些孩子中有的不好好学习，打架是家常便饭，他们的胡闹往往影响了其他孩子听课，使学校的教学质量上不去。

有人提醒说，可以让孩子在北京的小学复读一年，第二年考个好学校。母亲与儿子商量，他不愿意。他觉得复读就是降级。父母尊重了他的选择。果然，在那所中学经常有同学故意挑衅、欺负他，但他从来不说，也没有后悔之意。从这个学校出去后，他有了应付社会负面影响的抵抗力。儿子在这个学校的经历让他一生受益。

这位母亲，从来不把谁谁家的孩子是博士、谁谁家的孩子出国留学挂在口头，她明白这会无形中会带给孩子精神压力。她觉得儿子只要做好自己就可以了。

如果父母总想按照自己的理想愿望塑造儿女，结果往往适得其反。越亲近的人，越需要界限感。如果常常把自己的事托付他人，邀请他人跨入自己的界限内，也常常把自己的意愿强加于人，大家都过不好。强行跨入他人的界限内，家长意志有多强，逆反的离心力就有多大。这位母亲的教育成功了。如果父母潜意识中总想参与到儿女的人生中，不能接受自己在孩子的世界里变得不重要；仿佛他们并没有自己独立的生活、独立的人格，忽略自己已有的亲密关系，只剩下和孩子相濡以沫。这种一辈子和孩子捆绑在一起的心态，不可能真正放手让孩子独立。甚至有可能无意中让孩子对自己深度依赖，永远离不开父母。界限并不意味着对家人的疏远和隔阂。有两点特别需要提醒：

◎ **建立平等关系。**父母应该意识到自己与儿女之间不是一种隶属或绝对服从的关系，而是一种平等的关系。孩子一旦长大，就要尊重孩子的独立性。做父母的得设法自己满足自己，谁都不可能随时随地满足他人，不能依赖从孩子那里获得幸福感。不然一旦孩子不合父母意愿、不受控制，便会情绪崩溃。没有丰富内心的父母，只会在孩子的世界中变得越来越不重要，言行会让孩子失去对父母的敬意。

◎ **要孩子独立，父母得首先学会独立。**尊重孩子，他才会尊重你。

学会和孩子平等相处，不可以随意打听孩子的秘密。清晰的界限，是一种成熟的心态，在活好自己的同时，尊重、支持孩子的选择。如果他对父母的智慧、言行、品德都认同，他还逆反什么？得允许孩子从自己的世界慢慢飞走，并有意识地把孩子空出来的地方填满。要求孩子多些孝心，尽力满足父母的潜在需求，儿女也会感觉活得太累。最后变成老人活得心酸，孩子活得心累。

试着过一份不靠孩子支撑的生活，这样大家才会都活得精彩。不然就算强迫孩子听话，也不会真正感到舒心和快乐。

防止孩子变成“妈宝”

独生子女一代中有一些责任感不强，又高不成低不就的孩子。他们自视颇高，生怕大材小用，似乎机遇总是没能降临到自己头上。不肯做平凡小事，而又没有能力做大事。不能准确自我定位是阻碍自己发展的重要因素。这个问题带有一定的普遍性，母亲得和这类孩子一起面对，无论多难。

独生子女父母非常容易对孩子过度关注。一旦关注不得当，不是引发不满与反叛，就是造成对父母过度依赖。**“妈宝”或“啃老族”皆是缺乏独立人格的大孩子。**心理学认为，人有生理年龄和心理年龄。人的心理成熟需要过程，需要经过心理断乳，这是有一定道理的。所有的“啃老族”在一定意义上是一些心理发育尚不成熟的人。人不是天生就有能力、天生具有才华、天生我材必有用的，只能在成长过程中增进自己的才干。别人的赏识等不来，积极找寻机会展示自己，才能被人认可。过度依赖家庭的孩子，与独生子女父母的教育不当有关。太多的包办代替，抑制了他们发挥自己的才能。用溺爱来束缚子女的成长，父母不可能满足他们各自人生实现的愿望，一旦眼高手低，便会引发子女的诸多不满。子女的抱怨声似乎从未止息，这背后的原因应该引起父母的反思。

有一位女士已经六十多岁了。她是个单身母亲，在儿子十一二岁的时候，她因为丈夫外遇出轨离婚了。可以说儿子是她全部的精神寄托。她辛辛苦苦地带大了儿子，等到他上大学、毕业、工作之后，这位母亲觉得这下可以稍稍喘一口气了。

哪承想，不是那么回事，现在儿子几乎整天没个好脸色。大学毕业之后，儿子曾经在一个公司做文员。也不知道是他大爷似的架势听不得别人支使，还是自己没有眼力见，反正在那家公司干得不那么痛快。她劝儿子，什么工作好干呢?！除非什么都不干！哪想到儿子还真就不声不响把工作辞了。

工作辞了，再找吧。可是任凭她怎么催，儿子就是不积极，整天百无聊赖，对什么都没兴趣，觉得什么都没意思。当妈的觉得奇怪，以前自己年轻的时候是分配工作，没有选择的余地；现在选择范围那么宽，怎么就找不到自己感兴趣的工作呢?！有时母亲想过问一下，儿子却一脸不屑："您懂什么！好点儿的岗位，没路子会安排你去做吗?！"

有人给他提亲，儿子听都不听。他社交能力不太强，成长过程中缺乏慢慢积累起来的与异性亲密交往的能力，到了该谈恋爱的年纪竟然不会，不知道如何与女孩子交往。上大学时，她还悄悄问儿子，有没有喜欢的姑娘？如果他要约会，就再额外给他一些钱。可是他好像从来没恋爱过，玩游戏反倒没少花钱。她想儿子可能不但不会约女生，更是不敢，怕被拒绝吧！

儿子资质平平，个子不高，相貌一般，没有太多出众之处；更可能是因为从小父母不和，对建立家庭没有信心。这么做倒也明智，自己活得这么没谱儿，拿什么养家糊口？幸亏她家有两套房子，就靠房租活着了。当妈的真是有点百爪挠心，这年纪轻轻的，算怎么回事?！儿子炒过股，可是也没见他赚多少，反倒没少被套牢，做什么都不成，只会打电子游戏了。

这位母亲从未意识到是自己把儿子宠坏了，让他变成"啃老"一族。一说他，儿子就怼回去。不说吧，想想自己活着，儿子还有人疼，有人关心、惦记；自己一"闭眼"，儿子这么孤单单一个人，活得有多无趣！想想就窝火，母子俩总吵架。母亲觉得像儿子这样扛不了小挫折，吃不得一点儿苦，实在是太脆弱了。关键在于他经济上一点儿也不独立，到现在还和母亲住在一起，老大不小了，还一味地依赖母亲而并不自知。这位母亲想过是否应该让他搬出去分居单过，催他长大，让他独自面对社会；顾忌到年轻人中不断攀高的自杀率，又心惊肉跳，怕把儿子逼急了，万一出事，她自己就没法活了。

一想起这些，母亲自己就陷入恐慌之中。她不断地问自己，离得开儿子吗？儿子离得开她吗？应不应该给儿子设限？给多久时间的期限？她对这些问题始终都给不出答案，总在不断地拖延着。

人有各种需要，包括物质需要和精神需要。需要是与生俱来的，不存在好坏，都得满足，但是满足需要的方式却各有优劣。人们得用良性循环的方式去满足自己，通过工作满足自己对金钱的需要。母亲不能无原则地供给儿子。“需要”不是“愿望”。人的基本物质需要是有限的，可以有限资助一部分，但精神需要是无限的，只能靠自己满足。饭必须吃，但吃好吃坏按收入来定；用度可多可少，开销一定不能由母亲去承包。

这家的儿子所做的一切事太以自我为中心，极少体谅母亲。这种状态不改变，母亲老到连自己都照应不了的时候，儿子的才干仍未得到充分调动，事情就会非常麻烦。母亲得下定决心与儿子一起成长，无论多难都要努力。母亲应该断了给儿子的供给，逼他有责任感，自食其力。现在有些家庭，父母被“啃”得太过分，实在受不了，只好躲着孩子的一味索要，甚至从“养儿防老”变成“养老防儿”。

这中间存在父母在养育上的潜在心理误区。中国不少父母在排序的时候把孩子放在首位，以孩子为中心，为孩子付出得太多了，习惯包揽孩子的大小琐事，却忽略了让他有学习爱和给予的机会。孩子得到的爱太过浓密，付出的实在有限，错过了感恩之心的培养。过度关注，助长了儿子的受之无愧感。

母亲嘴边常说的是“再苦不能苦孩子”，可即便能让孩子终身衣食无忧，也并不等于能让他幸福、快乐。自以为非常爱孩子，事事都替孩子操心，等于给孩子的成长帮了倒忙。这是在暗示他：“我没有能力做决定，我干不好任何事情，我掌控不了自己的命运，能靠的只有父母。”父母对孩子越是照顾得周到，孩子越觉得这些都是父母应该做的，越会心安理得地接受。如果说了他不想听的话，他还会抱怨个没完。

吃苦、经受挫折是人生的必修课，不经历风雨，哪里会有抗挫能力？没有经历过摔打的人生是苍白无力的，不受挫折就承受不了生命之重。当妈的什么都替孩子遮风挡雨，导致儿子各种能力都太弱。需要出力的活儿他不干，体面的工作人家看不上他，心安理得地“啃老”。母亲的越位和包办代替，只会养出精神颓废、没有担当的孩子；过度关注只会毁了孩子。独生子女，万千宠爱集一身，生活上什么都不缺，缺少的是磨炼意志的机会。苦难和挫折是人生的宝贵财富。屏蔽了孩子的痛苦，也就屏蔽了孩子的幸福；安排好孩子的一切，其实是剥夺了孩子的一切。**不替孩子做事，孩子的做事能力只会越来越强；不替孩子承担，孩子可能更有担当；断了依靠是最好的依靠。**面对已经变成了“妈宝”的孩子，应该怎么办呢？

◎ **改变母亲自己的排序。**从现在起，不要再把孩子排在第一位了，把自己排在第一。着眼于自己的喜怒哀乐，把人生目标定在自己的需求与愿望之上。不想被时代抛下，希望能接受新鲜事物，就多参加些社会活动，制定出自己的学习规划，也可以选些网络授课，丰富自己的精神生活。

◎ **强迫其自食其力。**想让孩子摆脱对母亲的依赖，不妨只购买自己的生活用品，孩子需要的让他自己去买。每月只给一定额度的钱，让他在规定时间内必须找到一份工作，之后就断供。他必得自食其力。如果是有心理问题，可以做心理调适，并辅助抗抑郁药物，尝试着帮助他振作。

毕竟母亲不能永远被“啃”，再宠着孩子，他的心智永远是小孩儿。以前包办得太多了，爱得过头了，现在自食其果。只有设法从母亲自己开始调整，才能和儿子一道更好地了解这个日新月异变化着的世界，从而能参与进去，获得更多的快乐。

正视两代人不同的婚姻观

子女一旦独立，就不需要父母对他们的生活做过多干涉。至此，父母的生命历程进入了新阶段，需重新回到自己的世界中，从三人世界转到两人世界的角色转变，需要自觉地适应。

从来没有哪代人像独生子女一代这样，被家长如此地过度关注。某种意义上来说，父母的过度关注会变作一种对子女的捆绑。尤其是儿女已经成年，独立、有个性，不能再把他们当成孩子。缺少边界意识，会让彼此关爱的人相互伤害。父母的过度关注，更为集中体现在孩子的婚恋嫁娶之上，一旦觉得孩子的选择不够理想，父母就会站出来横加干预，而这势必会造成冲突。

李婶的儿子从小就听话，功课好，出国留学好几年，前段时间从英国学成归来。全家原本高兴得不得了，但让人堵心的事儿发生了。她儿子竟然爱上了一个比他大、还离过婚的女人。李婶夫妇坚决不同意，忙着给儿子另外张罗婚事，可张罗了好几位，儿子坚决不接受。到现在，一家人都不能谈及此事，一说准急。

儿子说，在国外，孩子到了18岁，自己的事父母就无权干涉了，况且他早已超过了这个年龄。如果爸妈继续摆出中国家长的这一套做法，他就要搬离父母家单过。李婶本是最重视家庭、最重人情味儿的，和儿子之间竟然发生这样激烈的冲突，这让她非常难过。

逼婚、催婚的故事在现在很多的家庭中仍旧上演着，这种以爱的名义的关心，让未婚的子女很难招架，甚至不得已想出“租赁”一个异性朋友回家应付的歪招。父母如果不能尊重子女的自我选择，就做不到从感情上真正与子女有效沟通，也得不到子女足够的尊重与信任。

独生子女有良好的生活环境和受教育的环境，但不少父母对孩子的教育仅仅是侧重于书本知识与专业技能的培养，忽视了对孩子生活与情感能力的培养和开发，尤其缺乏如何发现爱与释放爱的能力。独生子女由于长期受到父母诸多方面的关爱，有些人形成了很强的依赖心理以及重享受、不愿付出的性格缺陷。他们成年后，在恋爱中习惯于被爱而不懂得关爱他人，成立了小家庭后自己不愿意多付出，又往往要求对方在感情、时间、精力等方面付出更多，这些都会妨碍人获得幸福。现在出现了一些低欲望人群，尤其男孩算得清时间效率，不是特别动心，就干脆不费劲主动追女孩了。独生子女是在父母过度保护下长大的，这种“过度”一般人不太容易觉察。从小不缺关爱，一般的好感打动不了他们，这似乎也是事实。

有个姑娘研究生毕业好几年了，还没有找到合适的男朋友。妈妈给她介绍了一个，非逼着她同意不可。可是她说找不到感觉，不想再交往下去了，把妈妈给弄急了。女儿说，我总不能为结婚而结婚。妈妈说，你还想找什么样的，这个小伙子条件很好，别过了这个村，没有这个店，逼着她和追求者确定关系。女儿快烦死了，告诉妈妈，再逼她就不回家了。妈妈焦虑地说："什么叫感觉？差不多就定一个得了，自己老大不小的了，还挑什么？！"

姑娘说："我总不能因为我妈着急，就赶紧找一个嫁掉吧。人和人之间的亲密关系不是说有就有的呀。我爱成熟的、顾家庭、有事业心、有责任感、懂得女性的男人。我不会轻易地施爱，不会去伤害自己。可是我就是对那些条件一般的男生爱不起来。有些十分出色的男生早已经名'花'有主。我长得比较一般，没有太多的竞争力，我又能怎么办……"

亲密、激情、承诺，这三个成分在爱情关系中都很重要。亲密程度高，而激情和承诺都低的是喜欢；缺乏亲密和承诺只有着强烈激情的是迷恋；没有亲密和激情的承诺是空虚的爱。女性在择偶方面往往更为谨慎，对暗恋对象更为挑剔，会仔细选择社会地位高的配偶，是她们取得男性所控制的社会资源为数不多的方法之一。男性满意程度体现在激情上，而承诺则是预测女性满意度的标尺。如果她尚未对谁做出承诺，说明她还不曾找到心仪的小伙子，不要勉强她。做母亲的只能等待与提醒。

当然也应该提醒女儿，结婚成家是彼此接受，是找到一个愿意和她建立亲密关系的人，彼此都需要付出与给予。可别把爱化作时间的标尺，用来衡量一切。很多婚姻未必是爱的驿站，可能只是避风的港湾。不妨做一下理性的选择，爱、婚姻与性不是同心圆，想要多大程度的重合？想好了，就会找到适合自己的方案。

年轻一代对于婚姻的看法，和父母一代有着很多不同，理解子女的看法，才能做到不盲目指导子女，其不同之处在于：

首先，年轻一代普遍接受婚否是个人隐私的观念，别人无权干预，哪怕是父母。然而独生子女的家长很容易越界包办，不懂得尊重子女。

其次，优胜劣汰也体现在婚龄期男女的择偶过程和择偶结果当中。年轻人在婚恋选择的动机上各有侧重。青年男女对异性配偶的学历、收入、住房和职业等与经济条件相关的社会资源性因素关注度越来越高。年轻一代多是以参照自我的价值标准在婚姻市场中寻找合适的对象，受到“下一个或许更合适”的潜意识影响，抑或在经历了“被选择”之后的“被淘汰”，被迫将婚期推迟。

最后，越来越多的优秀青年男女一心追求事业的卓越，贡献了自己大量的时间，婚姻让位于对事业的追求。晚婚晚育是当今社会伴随着女性文化程度日益增高而出现的现象。自身综合素养提升，为其事业发展打下了良好基础，也让她们对异性择偶的要求变得越来越高，选择也变得愈加慎重。

作为家长一定要谨记：

◎ **婚姻不再是每个人的必经历程。**两性观念的改变，加上避孕技术的精良，容易促成更多的婚前性行为，不必经由婚姻也能获得性的满足；自由恋爱是青年人寻找伴侣的主要方法，结婚以寻求情感寄托和共同生活为目的，找不到往往不凑合。成长过程中，家长的“大包大揽”，让他们形成了很强的依赖心理，以及重享受、不愿付出的性格缺陷。他们在恋爱中习惯于被爱而不懂得爱人，这会妨碍人发现与获得爱。甚至有的人到了适婚年龄依然没做好进入婚姻的心理准备，面对“丈夫”或“妻子”的角色、婚姻要承担的责任便手足无措。

◎**父母只有提醒的责任，没有决定的替代权。**父母催婚背后是时间焦虑。生命的飞逝对父母而言感受是真切的，两代人的体验不同，对机会的理解也不同。一旦子女到了婚龄还没动静，尤其母亲便明里暗里多方过问，从而引发子女反感。是否要凑合，并无固定的对错，因人而异。无论如何，父母不能逼迫儿女婚嫁，别因之引起儿女的反感，就算想过问，也得做得策略些。长辈只有提醒的责任，没有决定权，不能逼子女做决定，不然只会破坏亲子关系。关切与替代不可混淆，在适当的时候可以告诉儿女，婚姻只有适合，没有最好。

第三章

Part Three

中老年夫妻关系的调适

婚姻是人一生的功课。如果彼此不能很好地调适，无论在何种阶段，夫妻关系同样都会出问题。尤其是退休之后，夫妻双方得格外彼此照顾。这时，两个人都不上班了，在一起的时间比年轻时要多得多。如果两个人之间缺乏共同的兴奋点，没有共同感兴趣的话题，再没有朋友圈的交集，二人世界的内容就太单薄了，光剩下吃喝拉撒，很容易令对方失望。若不能及时弥补，痛心便会接踵而来。往往因为不能理解对方的辛劳，不能体会对方的付出而导致婚姻失败。夫妻之间相处要彼此珍惜与体谅，才能营造幸福的家庭。

化解婚姻危机，不做熟悉的陌生人

夫妻关系与母子关系不同：母子之间，可进可退，处得好就多处，处不好就回避；而夫妻相互依存，反而特别需要处理好彼此的关系。爱的激情消退了，亲情又不能补足，生活便只剩下琐碎。中老年夫妻一生厮守，退休之后，工作轴心一撤，夫妻间每日四目相对，因之更需两人相互体贴。朝夕相处，如果缺少了理解与关爱，便会扩大分歧，甚至可能会剑拔弩张。

有时候，人扮演不好自己的角色，往往是找不准自己的位置。引起别人的反感而不自知，就有点悲哀了。在温饱解决之后，人最缺的不是金钱，而是快乐。人活得不快乐，太憋屈，可能让身体出现问题。一个原本为人真诚热情，乐于助人的人，却变成了招人讨厌的人；老伴儿不支持，亲人不理解，那岂不很冤？

有这么一对夫妻，年轻时关系一直相处得不错。可不知为什么，退了休，理应安度晚年，反倒觉得不那么快乐了。丈夫觉得老伴儿太爱掺和事，年轻时倒不觉得有什么，老了就有点吃不消了。人一累，心情就不好，身体也跟着经常出岔子。

这两口子，丈夫能干，什么事都能想办法解决，他对妻子言听计从，什么事都听妻子的。她让丈夫干啥就干啥，怎么都行，从无怨言。妻子依赖丈夫惯了，被照顾得太好，她的能力就更差了。

现在老了，退休了，妻子还那么爱张罗事。娘家或婆家的亲戚，没有她不操心的。她知道孩子得上班，不能给女儿添加太多负担，于是揽来的事都让丈夫去干。而现在丈夫特别不想让老伴儿掺和别人家的事。一旦他表露出不乐意，妻子就说："你不去就不去，我自己来！"可她又没那么大能力来应对，最后还得让丈夫和她一起忙活。有一天丈夫突然得了心梗，安上了支架，之后就更力不从心了，连带着脾气也变得不那么好了。

其实妻子身体也不太好，可是她不明白，自己已经无力张罗太多的事了，硬撑着让丈夫帮忙，会让他们夫妻俩都趴下。妻子不体谅丈夫，要求丈夫勉为其难。丈夫感觉沮丧，还不能说她，于是更加沉默不语，让老伴儿好生别扭。两个人的关系变得生分起来。

从心理学看，人老了，的确有把握不准自己心理年龄的现象，不觉得自己已经年老气衰，总以为自己有足够的能力去帮助别人。爱管闲事确实也是一番古道热肠，但首先还是得把握准定位，干自己力所能及的事。夫妻间只能是互相依存而又独立，不能一方指挥另一方。无论是谁都不能对另一半颐指气使，缺乏必要的关爱。这位妻子恰恰忽略了对自己最亲近的人的细致体察，妻子不曾觉察丈夫手都有些不听使唤了。医生说除了心梗，丈夫以前还得过脑梗，夫妻俩居然都不知道。这既证明丈夫对自己关心不够，同时说明妻子的体贴也不到位。

夫妻双方应该更多地爱护老伴儿，而不仅仅是一味使用。老伴儿身体情况如何？他（她）是否打心眼儿里愿意听你指挥？这些都是作为伴侣应该时时体察的。不能不顾自己与老伴儿的身体状况，什么事不分轻重就大包大揽。只有保持好夫妻自身的身心健康，才能考虑奉献余力。

幸福感源自个人的感受。什么算是幸福家庭？只要家里没有三种人：医院没有病人、监狱没有犯人、夫妻之间没有第三人，就是一种值得珍惜的生活状态。人在退休之后，趁着自己有钱、有闲，身体好，没有负担和压力的时候，好好享受生活。可以去旅游，去和朋友一起聊聊天，跳跳广场舞，打打麻将……也可以在家含饴弄孙，但绝不可过多介入甚至包办家里其他成员的生活，更不能把自己的意志强加给老伴儿。

有一对老夫妻，平时也会争执不断，甚至不避晚辈。但是他们的角色定位比较准，两个人不是非得一个是“指挥官”，一个是“雇佣军”。自己干自己的，彼此关心，有爱有争，就算遛个弯儿都是两人凭心情，不必一定要一起走。人释放了，身体都挺好。

夫妻不必老拴在一起，两人非要摽着劲儿。一个逼着另一个干这干那，被逼的人势必失去了自己的生活，没有地方表达自己的个人意志，就不容易心情舒畅，连身体健康都可能受影响。夫妻一方不能将老伴儿当成附属品，把自己无法实现的愿望让老伴儿来完成。夫妻并非得一起拿主意，两人必须一致；不必去哪儿都要在一起；对方有不同意见、不让表达，那他（她）更不痛快。这不是好的夫妻关系，而是霸王条款。这样的自我定位，夫妻关系肯定会出问题。

夫妻都有各自的主张和习惯，谁都决定不了谁。找好自己的位置，才能过得好。就如同在单位，这叫合理分工；在人与人的相处中，这叫界限、边界。尤其是退休之后，无论多想操控家人，也别打算主宰另一半的生活。不要觉得自己是把余生的光和热全部奉献给家人，实际上，太无微不至地投入与照顾其他家庭成员，生活起居样样都要做主，会让自己的家变得动辄得咎，烦不胜烦。

生活其实是一个复杂的系统，每个人在不同时空里都扮演着不同的角色。如果自己的定位超越了角色本身的范畴，就是越界。打破秩序，不管初衷如何，付出有多么感人，最终还是可能会引起反感。如果再不能自省，只会觉得憋屈。委屈又忍不住抱怨，夫妻关系就会变糟。每个人在不同的地方都得扮演不同的角色，越界就会打乱秩序。

冷暴力对婚姻的杀伤力最大，老夫老妻也怕冷暴力。在老年夫妻中，沟通不畅，搭伙过日子的不是一两家。一方的冷漠会让另一方情绪崩溃，甚至痛苦地提出分手。这种无言的摩擦比争吵更为可怕，表面上波澜不惊，实际上冷漠背后藏着的是割断情感的“刀”。夫妻关系中，最让人失望的不是吵架，而是张开口却没有回应。

无论结婚多少年，是否是老夫老妻，都得设法保持良好的交流。要想避免婚姻中的冷暴力，具体做法有以下三点：

◎**退休之后，需要修订好自己家庭的规则。**家是一个系统，两个人都退休了，最好一起重新做些规划。近期有什么可以两个人一起做的事？有没有什么可以一起参加的活动？把生活琐事量化，谁可以做什么，谁必须做什么，谁来承担什么，两人之间要有个知晓。比如晚饭后，可不可以一起散散步？两个人找找有什么共同感兴趣的话题？能不能结交些共同的朋友？现在，新的事物那么多，可不可以相互当老师？无论是丈夫还是妻子，谁学到了一样新的技能，彼此传授一下。让退休之后的家庭生活丰富起来，这样无论是丈夫还是妻子，都不会再那么堵心了。

◎ **老了，也得做到彼此好好倾听。**夫妻之间，无论结婚多久，都得好好说话，力戒抱怨。只有两个人彼此耐心倾听对方的表达，才能完成相互沟通；只有设法实现沟通，才能彼此很好相处。一方如果发觉对方情愿到外面或网上和别人互动，都不想和自己交流，一定得设法弄清原因。不要因为对方说了不中听的话，便怒上加怒。得滤去争吵中的敌意与负面情绪，尽量听对方把话说完，把他（她）的想法大体上搞清楚。夫妻双方都要尽量设身处地体谅对方，慢慢找到两个人都感兴趣的话题和事由。

◎ **不急于抛出解决方案。**无论是妻子还是丈夫，每个人或多或少都存在一些不安全感，这种感觉会让人变得敏感，触碰不得；但当伤口被看见、被理解，而不是被批评、被评判的时候，便得到了治疗。

遇到婚外恋怎么办

人人都希望能生活稳定，可是一旦面对一方出现外遇，会产生巨大的心理冲击波，搅得人不得安生。就算最终外遇成为过去或告别婚姻，也都难以再保持一份平静的心态，很难回到过去的生活之中。

现在的年轻人对解除婚姻的看法很淡然。如果在婚姻内再爱上别人，就解除原有的婚姻，彼此很少容忍；因而，离婚和再婚的比例越来越高，再婚的人越来越多。但中国传统观念下的夫妻，不爱了依然用婚姻捆绑在一起，然后到外面发生外遇，婚外情的比例才会那么高。尤其是四五十岁的人，结婚二三十年了，为了房子、为了财产，也为了自己的大众形象，就这样搭伙过日子。

有一位女性这样说：

我的丈夫是一个大学的名教授，可以算是桃李盈门。本来我对他的学生都一视同仁、照顾有加，但是最近一件事搞得我痛苦不堪，让我深为不安。我和丈夫的关系一向是很好的，风雨同舟了那么多年，相互不存在任何怀疑。可是，我现在不那么自信了。

丈夫在这一届招了一名女博士，她已经三十多岁了，还没有男朋友。她不太爱说话，性格很温顺，一开始我挺喜欢她的。她时常来我家，不但问些问题，还主动帮我做些家务，很博得我的好感。但是渐渐地，我发现对她有好感的并不止我，也包括我丈夫。这时我凭女人的直觉感到事情不太对劲了。但是我没动声色，只是静静地观察着，直到有一天，我无意中发现了这个学生写给我丈夫的一封信，我的怀疑才被证实。读了这封信，我当时真要崩溃了。我知道不单这个学生如此这般地爱恋我丈夫，而且做老师的也春心浮动。

知道了这一切之后，我更仔细地观察他们。我能看得出来，他们在眉目传情。我曾托人给她物色过比我丈夫更年轻、更有地位、更有钱、更有发展前途的男人，可她根本不予考虑，只是一味痴情于我丈夫，深深坠入情网之中。这一阵子，丈夫几乎无视我的存在，我的喜怒哀乐和他全然无关，感觉他整天有点儿飘飘忽忽的。

怎么办？我真有点儿不知如何是好了。依我的脾气，如果我丈夫提出分手，我也可以接受。孩子已经大了，我有自己的事业，不那么在意一个人生活。但是，我想不能如此鲁莽。丈夫之所以不提出离婚，其中必有他的犹豫。我们这个家毕竟是完整的，如果拆散了再组合，外界影响如何？他和学生好，让别人怎么看？想想这一切，我想我最好是沉默一段时间，不事声张。我想什么都不做，比做什么都强。我觉得应该给丈夫一段时间。

这段时间对我而言是漫长的，我要压抑着自己，依旧对丈夫一如既往地关照，而不问他心里有我没我。如果那个学生来，还是好声好气，不失自己的身份。有时他们要一起去参加会议，我也避免硬性阻止，还得做出信任他们的样子，极力保持一种用师母的角色接纳学子的姿态。当然，假如我看电视或看报纸，看到婚变的内容时，我会适当地发表议论，表示对过失方的指责。同时用一种信任的口吻说，我相信如果是我丈夫遇到感情出轨，他一定会妥善处理之类的话，算是一种旁敲侧击吧。

这一段沉默真不轻松，我总觉得有一股无名怒火在心底升腾，我老想爆发，但又觉得要理智一点儿。我想也许婚姻关系的存续就在这推拉之间，要把握好这个尺度。我又会时常怀疑我是不是太软弱了，也许这样并不能委曲求全。我自己也是常常处在矛盾之中。

这是一场师生婚外恋的故事。说不清外遇有多少种，有拈花惹草型、怀旧型、情投意合型、另寻知音型、寻求安慰型、知恩图报型、友谊情爱混搭型、崇拜型、报复型……数不胜数。在婚姻关系里，一方出轨或背叛就会造成关系的波动，破坏原本夫妻关系的确定性和稳定性、安全感及双方的信任。据网络报道，中国人民大学社会学研究专家潘绥铭教授公开了自己从2000年开始，每5年一次进行的全国范围随机抽样调查。第四次调查结果显示，中国大约每3个丈夫和每7.5个妻子中，就有一个曾经出轨。虽然女性比男性出轨人数少一半多，但是妻子的婚外恋在全世界比例最高。

有位妻子这样说：

最近我很不安。同学聚会之后，我的心如同掀起了九级波浪。我结婚已三四十年，平静如水的日子淡淡地过着，家里衣食无缺，平日里夫妻两人各忙各的，既无亲昵，也无战争。如果不是再遇见他，这日子或许就这样一直过下去了。

不明白自己怎么会在遇到他之后，昔日的爱慕之情又一下子燃烧起来。说来也怪了，我和他之间不必说什么，一个眼神就能相互心领神会。也许爱本来就没来由。不知道是什么拨动了我的心，让我总想和他在一起。其实我早过了浪漫的年纪。

或许因为我的婚姻凑合的成分比较大，可能一些潜在的愿望被压到心底了。平时丈夫不大体察人，总是让我一味单向地去关心、照料他，而缺乏爱的回应，日子长了让我觉得厌烦、乏味。我们之间很少交流，我生病了，他也不多过问。我们甚至不大过夫妻生活，一直分榻而眠。

由于重逢，使我突然意识到自己的生活是不完整的。以前我总觉得一个男人，尤其是一个有事业心的男人，都会要求妻子服从，会以自己为轴心，单向要求对他工作的支持与理解。可是自从与他再次相遇，从他对我的尊重、细心关怀与不肆渲染的帮助中，我突然意识到，这才是我一直十分期待的。我不知该怎么办才好。命运为什么对我如此残酷，在我已经认命不想再存梦的时候，梦却悄然而至。让我扼杀掉它，真不是一件容易的事。

在一家咖啡厅，也许是那橘黄的灯光给了我一种梦一般的感觉，我们相互凝视，半晌说不出一句话。他伸手轻轻拍拍我的手背，泪水止不住地从我眼睛里淌落下来。我们的事被他太太发现了，在他的家里掀起轩然大波。我们俩觉得人生苦短，越来越不想分开了。怎么办?！我觉得特别心累。

婚姻一般可分为四个阶段，第一阶段1到3年，为浪漫激情的阶段；第二阶段是全力奋争时期，持续5到10年；第三阶段可以维持20年或更久。第三阶段是最容易受诱惑的阶段，这时双方都可能发生婚外情。成功的婚姻可能第三阶段维持时间非常短，甚至根本不存在。第四阶段是最后一个阶段，对方已经不单是婚姻的伴侣，还成了多年的老友，真正意义上的亲人。遗憾的是，只有一半儿伴侣能达到这个境界，很多人继续停留在第三阶段，直到其中一个人离开这个世界，或者两个人决定彻底分开。

无论是哪方有外遇，都有一个如何面对的问题。如果处理不当，心里会很懊悔。有人提到，有60%离婚的人后悔自己所做的轻率决定。无论怎么决定，只要能让自己舒服，就是正确的选择。出轨与婚姻相伴而生，会给人带来巨大伤害，这就得有应对方式。

作为女性，首先得清楚，出轨并非都是别人家丈夫的事，自己只是看客，不做必要的戒备，一切全凭丈夫自觉。这种大撒把，太悬。同时，自己又对出轨一事全然不能接受。倘若发觉，立刻天塌地陷，一切尽毁，决绝得没分毫余地，让自己陷入绝境。明明接受不了离婚，却似乎十分大度宽容。这样的处理往往很糟糕。

还是早早防患未然，预防可能的出轨。定好家规，要求彼此将忠诚作为底线，不接受任何背叛，否则必付出极大代价。**帮丈夫系上安全带，自己的内心也预留一块缓冲带。**倘若发现有什么异常，一定不能揣着明白装糊涂，假装大度，必须让他知道你在关注，你不能容忍。清楚有一根红线不能触碰，碰必被电。不要觉得他出轨听凭你处置，真到这一步，你怎么处理都不舒服。原谅，心里过不去；不原谅，付出的代价可能更大。给别人定罪，不代表自己就可以不受罪。如果能清楚出轨的巨大成本，有人就会有所收敛。丈夫假如管不住自己，就需要由妻子做必要的约束。家庭成员是利益共同体，妻子有权利维护自己的利益。

当人对未来把握不住的时候，会对自己的婚姻评价更消极，很容易在关系中产生一种负面的情绪反应，焦虑、迷茫和愤怒。回避沟通会加深夫妻间的隔阂，强化不确定性。会对伴侣的行踪变得更加敏感，以跟踪伴侣、查看手机等方式，来获得安全感和稳定感。而这些做法不能奏效，只会加重对立。

把握不定会让人心烦意乱，如何有效地应对不确定性呢？有两种方法：

◎ **其一，降低不确定性**。鼓起勇气，把心里最不确定的那些问题直接提给对方，至少知道他对你们的夫妻关系抱什么态度。

◎ **其二，维持它**。有些人会在怀疑伴侣是否真出轨时，有意忽略伴侣的可疑行为，选择不去了解更多的信息，不多加揣测伴侣是不是有出轨的动机。用回避来维持暂时的稳定，并不能解决问题，不如维持其不确定性。

重要的在于设法让自己保持冷静，让自己处理问题能有一份定力。一方面，妻子可能对自己掌握信息后的心理承受能力没有信心；另一方面也是因为不愿意相信或接受伴侣的不忠行为，因而选择在理智上麻痹自己，选择看破不说破。这可以理解。

别让性爱成为中老年女性的心理负担

无论多大岁数，都别认为对性生活抱有期待是老不正经。这并不丢人，而是生命活力的标志。就算老人风烛残年，也有权追求幸福，这是生命力的体现。性魅力的范围很广，包括性心理与性行为。人不但有性生理的需要，还有性心理需要。当岁月把人送过半百，还是别让传统观念束缚了自己。

我们的传统观念回避谈性，要谈也仅在流行的黄段子中。而今到了性泛滥的时代，观念变了，不结婚并不代表不可以有性伴侣，只要出于自愿，谁都有权满足自己的性欲，可是闭口不谈，却是造成中老年人性生活不和谐的原因之一。夫妻不和睦，除了性格不合、财产纠纷、子女教育等因素之外，还有一个很重要的原因是性生活不和谐。两人性生活不和谐，彼此不好意思交流，不但婚姻很难美满和幸福，甚至可能导致破裂。

有一位大姐对丈夫什么都能接受，就是不愿意和他过性生活。她经常冷淡、推诿、厌恶，弄得丈夫很是不满。她说："我们几乎从结婚起就没有过和谐的性生活，丈夫对此一直很苦恼。有一段时间他甚至有点阳痿，有时他有这种愿望，可是自己也不太能够完成。我们俩从一开始，这事儿就笼罩了一层阴影。"

说不上来从什么时候起，他们之间没多久就会发一通无名之火。想想也没什么原则上的分歧，就过下去了。只是恋爱时候的亲密，渐渐抛到爪哇国里，他俩都觉得过得挺没劲的。

退休之后，丈夫到外地出差，妻子去看他，给他洗衣服，发现他衬衣上有一根长长的头发。妻子很诧异，因为她是短发。观察了一阵子，她觉得，丈夫不像是有情人。没有谁追着给他打电话，他也没有太强烈的情绪波动。

有一次聊天儿，他无意中说到去过娱乐城。说者无心，听者有意，妻子立刻想到了那根头发。于是三绕两绕、七问八问就给问出来了，原来他背着妻子在外面"寻花问柳"。妻子一通讽刺挤对，丈夫气得够呛。从那时起他真的对妻子心寒了。

不知从什么时候开始，他的心里真有了别人，是一个离了婚的女人，好像还带一个孩子。要在以前，这样的女人，他肯定是不会去关注的。说不上那个女人用什么打动了他。但妻子清楚地意识到，丈夫不再拿她当一回事了。他不再关心妻子的冷暖，不再和她亲近，不再把他们这个家放在心上。为了这个，妻子也挺失落的。丈夫还没有提及离婚，妻子也没提，但是她的心里十分寒凉。

传统的性观念，对男性、女性同样都有负面影响。有的丈夫把性生活之前的爱抚看作难堪而略去，造成妻子不曾兴奋便被动接受，引起剧痛，给后来一生的性生活带来阴影。据潘绥铭教授的调查，我国城市夫妻中，从来不曾相互亲吻过的人占 25%；从来没有深吻过的超过一半；根本不抚摩妻子的占 41% ~ 53%。这对于中老年夫妻的性生活来说几乎是灾难。

不少夫妻之间绝口不谈性感受，致使夫妻之间许久都弄不清对方的性敏感区在哪里，怎样才能使双方更愉快，这怎么能使夫妻生活有质量。不少中国男人不注意在性行为之前营造一种罗曼蒂克的气氛，觉得不好意思，说不出口，其实**性满足不仅局限在性行为本身，也包括性意识、性心理，这是需要加以正视的**。性渴望与性满足在婚姻生活中的位置很重要，即便一方身体不佳，不能过性生活，爱抚与亲密依旧可以实现。重要之处在于如何看待与对待彼此间的性需求。有些家庭的离异与双方的性生活缺乏或不和谐有关。在这方面如果无法沟通，又不能彼此满足，有可能发生外遇。

人在漫长的一生中，如何才能永远充满朝气，积极乐观地活下去？有一个重要的标志就是始终保持对异性的好奇心。只要热情在，无论多大年龄都不会枯萎。美国学者冯·德·魏尔德在《理想的婚姻》一书中指出："在夫妻之爱中，如果没有实现肉体的彻底交往，就没有身心上的幸福可言。而同样地，相互之间如果没有心灵上的交往，那么肉体上也不会有理想的结合。……完美的性要求双方从心灵上引起性爱，这就只有靠爱情才能做到。"如果两个人不能实现这种灵与肉的完美结合，婚姻就有可能出问题。

老年人虽然性器官萎缩，功能下降，但仍可通过性器官分泌性激素产生性欲。不必受社会偏见影响，老年人有性欲，这并不下作。老年夫妻之间适当的性生活可使大脑年轻化，对防止脑老化和促进身体健康有积极作用。如果老年人内心感觉性生活羞耻，会影响性功能的正常发挥，久而久之就会真正失去性能力。有人做过统计，59 ~ 64 岁的人平均 10 天一次性生活，65 ~ 74 岁的平均半个月一次性生活，个别人 80 岁仍可过性生活。以过性生活不产生疲乏无力感为度，但不要荒疏太久，以免发生失用性萎缩。

随着年龄的增长，人难免身体会出现各种疾病。中老年女性中的一些人可能患有妇科疾病，如子宫肌瘤、乳腺增生等，可能会出现体液分泌不足，影响正常的性生活。一方面可以到医院，在医生指导下利用润滑剂加以缓解，并且定期做好妇科检查，及时发现、及时治疗；另一方面，也需要调整心态。如果因为自己的身体状况满足不了丈夫的性需求，可否想一些替补方式？比如利用爱抚或使用性工具等。不能否认，性需求是人的合理欲望，应该设法相互满足。

中老年人与青年人不同，无论在性生理和性心理上，或是性行为的表达和性满足上，都有自己的特点。人到中年，性激素水平会急剧下降，女性尤为明显，男性的性激素下降水平趋于平缓。更重要的是传统的性观念对中老年女性影响极大，在她们的潜意识中，与生育无关的性行为是不洁的。不少女性在夫妻性生活方面，处于“从属地位”，她们认为和丈夫做爱，只能“奉献”，不能“索取”，“服从”才是女人的天性。因此，她们对性生活的乐趣只能来自于体会丈夫的性满足程度，这就抑制了自己的感受，并影响其自身活力的发挥。

人人都渴望一生过得值，过得如意，如果传统的性观念有碍于生活，打破无妨。中老年人的性生活不必担心怀孕、生孩子，性交更能全身心地投入。只要并不勉强伴侣行房事，不要求夫妻保持一致，不让房事变得机械，不必过于规律和刻板地操作。性爱就是可以主动尝试新的花样，才不会失去“性趣”。心理上的愉悦最重要。

我们的社会几乎没有什么渠道去讨论与传播性心理调动与刺激技巧，除开一些不动真情的情场老手之外，缺乏知识与能力者甚多，包括渴求者自身。为什么这些性心理激发技巧不可以正视与学习呢？如果能用心理刺激技巧满足对方的渴望，加之尝试使用为数众多的性工具，一起观看情趣类的电影或书籍，两人再度结合在一起，能重温令人销魂的高潮。这就不必因性不和谐，而纠结于寻求代替与补充了。性生活不只是年轻人的权利，中老年人过性生活不妨讲些技巧。

◎ **循序渐进，把握适度。**中老年人由于体力没有年轻人好，做爱可以选择清晨，这是一天中精力最充沛的时刻。千万不能忽略前戏，循序渐进，满足接触欲。中老年人体力有限，不宜进行过于激烈的性爱，应以前戏为主，实质性的性爱浅尝辄止为好。抚摩同样能满足接触欲，可能比实质性爱带来更多的激情。要以适合身体状况为宜，把握适度。

◎ **心理上的满足更为重要。**调情对于中老年夫妻来说，更是不可缺少的。心理上的性兴奋和满足感，往往是老年人更加渴望的。一吻天荒，老来知味。一边亲吻，一边抚摩，此时的兴奋是用言语无法形容的。在享受性生活带来的快感的同时，也考虑自身的身体情况，别因一时的冲动伤害了自己，以及身边的人。中老年人性爱不用追求时间长短，重在体验和心灵的感受，对性爱的享受因人而异，只要双方获得满足，就是成功的体验。

◎ **适当享受，有益健康。**失掉了性趣，是走向衰老的标志。医学研究证明，老年人的性需求和性行为不仅没有害处，相反适当的性生活有助于发挥老年人各个器官和系统的潜在功能，对健康状况产生良好影响，增强生命活力，使人焕发朝气；还能对克服老年抑郁症，防止脑老化，预防前列腺肥大等起到积极的作用。

婚姻破裂前后的心理调适

夫妻两人过得不好，要不要分手？这可能是慎重考虑之后的决定，也可能是一时冲动。然而，离婚不是儿戏，有人感觉释放解脱，也有人后悔轻率。离婚之后，能否真正走出阴影，重新开始人生新的旅程？这对当事者而言，可能会经过一番内心挣扎。婚姻破裂前后的心态调整，则是必需的。

婚姻是与另一个人共度一生，得为自己的决定付出努力、承担责任。**婚姻需要共同经营，也需要为婚姻放弃一定的个性，放弃一部分自由。**如果你或对方不愿这样做，那其实不配拥有婚姻，只好放手了。对中老年人而言，多半是两个人在一起和谐地柴米油盐搭伙、生儿育女。过日子不易，当然不是每对夫妻有冲突都得离婚。真正决定分手的，毕竟只是少数。只有认为继续在一起生活是彼此伤害，离婚是止损的夫妻，才会做出这样的选择。这有一个判断是否正确的问题。人如果在不冷静的时候，很可能得出不正确的结论。

一对夫妻，妻子抱怨丈夫对她冷暴力，生了病也不关心，常常玩游戏玩到半夜。丈夫也很不高兴，觉得妻子过于挑剔。他们两人一方总想把自己的意见强加给另一方，而另一方不肯接受。他们没有意识到自己在外面工作，遇到麻烦，心情不好时，应该在进家门之前，把外面的烦恼通通丢掉，带一张笑脸回家。别让另一半误会，以为冲着自己发火，于是也怒目相向。其实只要他们能换位思考，两个人的关系就不会弄得太僵。一旦家变成阴云密布的地方，这份婚姻便摇摇欲坠了。

为了维持他们的婚姻，这对夫妻决定去做夫妻关系调适的心理咨询。咨询师觉察到丈夫的消极情绪。在咨询师的建议下，丈夫做了情绪量表测试，发现已经处于中度抑郁状态，甚至有过几次自杀的冲动。他一直在努力克制对妻子的怒气。然而，在很长时间里，妻子都没有发现丈夫有情绪问题，丈夫也从未告诉过妻子。沟通不畅，夫妻就会彼此误解。

不少家庭毁于怀疑和猜忌。一旦没了信任，日子就过得太堵心了。如果夫妻之间解决冲突的方式，不是设法消除不信任，而是一言不合就动气。那冲动不仅不能解决问题，反而会使问题变得更糟，最后闹到非离婚不可。幸亏他们觉得自己无力解决纠纷，向外寻找支援。在助力之下，关系有所改善。

如果多方尝试都不起作用的话，不如放手；如果不能挽回婚姻，尽可以好离好散，即便分手也别不成婚就成仇。如果夫妻间皆缺乏宽容，会让婚姻迷失方向，小的消极事件积累起来，婚姻就可能瓦解。如果不做调适，随着时间的推移，彼此之间会变得陌生，乃至敌对。如果夫妻沟通不畅，一遇突发事件，就会惊觉对方变得让自己不能接受了。这时再修复关系就很不易了。

这些年，中国成了最容易离婚的国家之一。离婚登记中的简单处理，对持续走高的离婚率起了相当大的作用；所以2018年《民法典各分编（草案)》提请第十三届全国人大常委会第五次会议审议设立“离婚冷静期”，是想在行政上给有离婚意向的人一个纠错的机会，是法律上的“国家冷静期”。

如哲学家张中行所说，所有的婚姻均可分为四个等级：可意、可过、可忍、不可忍。有人做过统计，享受夫妻关系的占一成，接受夫妻关系的占七成，忍受夫妻关系的占两成。为婚姻放弃得越多的人，对于另一半的要求也越高。**放弃不难，希求另一个半补己所需更难，结果常常不尽如人意。**因为他不是你，如何知道你心中的伤口、你想要的补丁？离婚前好好掂量一下，自己的婚姻在哪个等级，是否真到了不可忍的程度。不要判断错了后悔。据某项调查，后悔自己轻率决定离婚的竟占到六成。

法律程序不会拖泥带水，但离婚之后感情上的伤口，是需要时间愈合的。而离婚除了承受由“失去”带来的痛苦，还要面对种种压力。婚姻不是人生的全部，离完婚解决不了人生的茫然和空虚，也改变不了生活的麻木和无趣。

离婚后真正要考虑的是如何学会独立，这里包含两种意思：一种是经济上的独立，一种是精神上的独立，能做到这两点，即便是离婚，也会过得很充实。设法从“泥沼”中走出来，坚强地过好后面的日子，才是最重要的。

有一位刚离婚的母亲，她每天如常穿着得体，化淡妆，见到同事客气地招呼，对任何传言都不予理会，不做解释。周围的人诧异她的生活发生了大的变故，状态居然还可以这么好。时间一长，大家便不再关注她了，随之议论也渐渐消失。

其实那段时间，她内心是挺煎熬的。人过中年，站在人生的废墟上，四顾茫然，真让人有些手足无措。离婚后她暴瘦，睡眠质量不好，情绪波动很大。她没有忍着，去看了心理医生。人在太痛苦的时候，可以向专业人士救助。拿起一根帮助你渡过难关的拐杖，这是亲人和朋友无法替代的。在专业人士的指引下，她看清了自己究竟想要什么。这样的状态大概持续了几个月，之后慢慢好转。时间是抹平伤口的良药。

不管怎么样，曾经的爱、陪伴，包括伤害都是个人经历，比起曾经的付出，怨与恨最没有价值。但凡在自己生命中出现的人，以及自己走过的路，都不必去纠结对错。所有的一切构成人生的经验，没有什么比自我救赎更重要的了。

离婚了，就可以让生命不必耗在摩擦上。离婚的经历可以使自己的格局变得开阔。能一个人精彩地活着，就能与全世界相处。如果单身日子过不好的人，再婚了，生活也不会好到哪儿去，因为相守比相爱难多了。

有些女性会觉得任何甜言蜜语，任何相爱承诺，不过是婚前的诱饵。一旦进城，就不再给喂食，让人对感情绝望。纵然有好男人，也不相信自己的判断，不相信自己会再遇到满意的婚姻。不少做母亲的女性为了孩子，不去再婚。她怕孩子无法接受，也担心没有血缘关系彼此间不好相处。

也有人离婚之后，觉得原本两个人一起面对的生活，突然变成了一个人独自苦撑；原本由男人担起的重担，现在得自己来承担。离婚后的日子是灰暗的，因为不适应一个人的生活，总想急着再婚。另外也害怕别人的指指点点。尽管现在离婚越来越正常化，但依旧认为这不是光彩之事，有人会戴着有色眼镜看待离婚的人。好比爬山，中途下山，遇到的都是在往上爬的人，连自己都觉得不自在，所以火急火燎地再次加入大队伍中。结束了一段不幸的婚姻后，急着再婚的人，极有可能再一次让自己伤心。

离婚之后应该注意以下问题：

◎ **保护好隐私。**就算对方有一万个不是，也一定保护好婚姻的隐私，因为这与其他人无关，不必让自己的经历成为别人的谈资。这是对曾经的爱最大的尊重。

◎ **先提升自己，别着急再婚。**离完婚最好不必着急再婚，要先学着独立。如果还没想清楚曾经的误区何在，没有反思在已经结束的婚姻中应该汲取什么教训，便立马进入第二次婚姻，再婚可能会重蹈覆辙，结果再次受伤。以前的婚姻生活全围着男人和孩子转，离婚了是一种解脱。离了婚，自己有更多的时间可以支配，设法充实自己，做些自己想做而以前没心情做的事。

◎ **想好未来的生活需要的是什么。**离婚之后，琢磨一下自己曾经的婚姻模式是否适合自己？自己究竟想在生活中扮演什么角色？爱是一个系统，婚姻取决于夫妻的互动。人类的行为绝少有持久不变的。要想清楚自己要什么样的婚姻，并且最好建立在无须改变自己已经形成的行为模式之上就能做到的。想清楚究竟什么是自己的怕与爱？如果再建立新的家庭不能承受的是什么？要避免什么？比如，一方有太多的支配欲，过于专横，很少自我控制，都会破坏系统的平衡。

◎ **离婚后别再把前夫当依赖。**有人是因家庭暴力离婚的，有人是因一方出轨离婚，还有的是三观不合导致离婚，等等不一。这段婚姻成为女性心里永远不愿触及的伤痕。离婚后两人总是有种说不清道不明的关系。尤其是和平分手的夫妻，依然还是最熟悉的陌生人。离婚后，切忌和对方藕断丝连，一来他未必能指望得上；二来如果重组家庭，会给以后的生活带来不便。

第四章

Part Four

“出城”之后再“进城”

丈夫过世，悲伤自不待言。没有谁愿意轻言离婚，但不是每一段婚姻都能走到人生尽头。如果只剩一个人，对一个已经并不年轻的母亲而言，还要不要再婚？这是不少人纠结的事。随着老年人口的增加，单身老年人逐渐增多。我国60岁以上的老年人中，无配偶的达35%，其中有再婚意愿的达37.6%，但真正再婚的只有6.9%；而再婚老年人的婚姻有七八成以离婚而告终。

二度单身之后，是否再与他人牵手

北京市有关部门做过对于老年人再婚的态度和看法的比较分析，研究结果是54%的老年人赞成再婚，29%反对；68%的中青年人赞成老年人再婚，15%的人反对。男性老年人赞成老年人再婚的比例高于女性，城市老年人比农村老年人更赞成老年人再婚。有老伴儿的老年人大多赞成老年人再婚，而丧偶的老年人不赞成老年人再婚的多。单身老年人对再婚还是有着较为强烈的意愿的。再婚的阻力主要是老年人自己受传统观念的束缚，加之儿女的反对。

希望再结姻缘的单身老年人不少，但反对父母再婚的子女也不少。这类子女普遍有几怕：怕父母再找老伴儿后，自己的财产继承权受影响；怕父母再婚后，感情转移，冷落了自己；怕父母组成新家庭，就不像以前那样一心一意帮自己带孩子，料理家务；怕母亲或父亲去世后，继父母成为自己的负担；怕父母再婚之后，受后老伴儿或其子女的气。

以前老年人再婚的阻力更多地来自外部，近年来问题更多地来白老年人自己。在现实生活中，想再婚的老年人自身也存在着诸多问题，受健康、经济条件、传统观念等因素的制约。再婚选择伴侣还需要考虑双方子女的接受程度，也有一个婚后与对方子女如何相处的问题。

有一位将近六旬的单身母亲，在忙乱中操持完了儿子的婚事。接下来儿子的人生就没有母亲什么事了，因为新的生活是儿子、儿媳自己的。之后儿子能感觉到母亲的变化，觉得她的脾气也在变，常常会无端地唉声叹气，有时她会显得很烦躁，于是他也很郁闷——因为不知道母亲为什么会这样。他的脑海中便闪过这样的念头：母亲现在有些孤独，虽然她从来没这么表露过。

儿媳细致地发现，过了一段时间，婆婆的叹气声戛然而止，日见苍老的面容乍现光泽，一向不在意的服饰和发型也考究起来。儿子不知道听母亲提到“爱”时，他该做何反应，甚至不愿正视母亲老年再婚。后来儿子终于想明白了，他不想躺在母亲的怀抱中独自把玩爱情，也不想低头俯视母亲，掷给她一些叫作“孤独”的同情。

儿子同意母亲再婚。母亲在后老伴儿的陪同下，又充实地生活了30年。后来母亲患了癌症，需要动手术，后老伴儿忧心忡忡，落了泪。母亲住院的日子，90岁高龄的丈夫执意一趟趟跑到医院去看望，没有谁能拦得住。这位母亲在一份浓浓的爱意之中走完了人生之路。

爱情不是年轻人的专属，老年人同样有爱和被爱的权利。子辈本是上一辈人爱情的结晶，爱情之花同样可以开放在老年人的心里。老年人的爱可以不那么浪漫，但是可能更真实，也更深沉。但不可否认，再婚的离婚率较高，这其中既有性格问题，也有性爱、财产等问题。

离异的人不敢轻易再婚，害怕再次找错了人。对不少离异的女性来说，出了婚姻这座“城”之后，心已经被蹂躏得体无完肤，所以离婚之后就不敢再奢望新的婚姻。因为一提及婚姻，记起的都是切肤之痛，内心的阴影会一直笼罩着自己，所以不敢再婚。然而也有的人尽管内心千疮百孔，却对婚姻仍抱有期待。可是真的再婚了，婚后的日子往往是无奈，再无奈；失望，再失望；绝望，再绝望；不得已，不得不再次离婚。

有一位再婚的女性说：

人说，“好女人要上得厅堂，下得厨房”，我觉得这有何难！我不仅在外能坐而论道，不让须眉，而且在家论起做家务，布置房间、打扫卫生、洗衣服、摆弄植物，我皆是行家里手。离婚之后，女儿放在父母那里，她已经渐渐长大，父母也一把年纪，总不能老让孩子待在他们身边。于是我带着女儿嫁给了现在的丈夫。

我承认，最初确实爱过他，尽管他没有什么突出的优点，严格地说，连好男人都算不上。但我爱他的傲气，爱他的聪明，爱他的渊博，爱他的孩子气，爱他的迟钝，甚至爱他的坏劲儿。可是，我还是对再婚准备不足。我怎么没有弄明白，再婚不是挑战，不是和谁比高低。我对自己高估了。

我没想到，他时常提及前妻来和我比较，我时常被笼罩在这沉重的气氛之中。甚至夫妻性事之际，夜深人静，仍要提及前妻长相如何，我几近痛不欲生。婚后他几乎从未给我买过东西，我不介意。偶尔有一次，他出差回来，说为我买了一件别致的衬衫。我欣喜若狂，为他心里有我而感激不尽。我兴冲冲地取出衣服穿上，立刻坠入冰窖。他是按他前妻的尺寸买的衬衫，而我要比他前妻高出许多。我不想刺激他，没说什么，只是把衬衫收了起来。没想到他倒冲我发起火来，说我看不上他的眼光，不穿他买的衣服，还说我臭讲究。直到他把我逼得走投无路，穿上他送给我的衣服时，他看着短衣短袖，才突然目瞪口呆。

结完婚我才明白，我要面对许多情债，我要背负他以往十几年的婚姻及五六个情人的情债度日。我原本坚信可以战胜他的经历，但是我却没有料到战胜不了自己。他有好几个情人，我还见过其中某位，他把我也列入对比表中。我当时觉得定可以战胜她们，但是我取得了一个多么廉价的胜利。他连一点点尊重都不肯给我，甚至觉得我有这个气度，可以和其他人共存。我累了，觉得压抑，甚至心灵与性欲被扭曲。我不想忍了，我想放弃这份婚姻。

我已经不想再去应付他。作为女人，从精神到肉体我需要男人，但我不想没有感情地将婚姻走下去。我身上的刚性与柔性都推之极致，的确不是所有的人都能理解和接受的。有时候，我突然对未来的生活失去了憧憬，一切都没入浓雾。雾中的静谧、雾中的凝重、雾中的光怪陆离令我茫然不知所措。我很困惑，真不知道应该找什么样的男人结婚才对，但我决定再次走出城堡。

希望通过再婚拯救自己不如意的过往，指望再婚的丈夫成为依靠，把美满幸福寄托在缔结婚姻之上，这种想法并不现实。婚姻意味着什么？其实仅仅是一种规制，性冲动会受到婚姻的制约。找丈夫不是和哪个人挑战，比谁占有、获得的多。爱情迟早会在日复一日的熟悉中变得平淡，只有深植于内心的认同，才是最珍贵的，无法被替代。女人嫁得好，远不如自己活得好。

情感世界里的快乐幸福得要两个人共同努力才行，要懂得及时放弃那些已经没有拯救价值的人。不必指望有谁能成为救世主，婚姻无法把人从孤单中拯救出来。**只有让自己足够强大，找到一个同样内心强大的人一起生活，才会真正快乐。**

如果觉得大半辈子已过去，自己不需要一场凑合的婚姻了。上一段婚姻也曾经山盟海誓，信誓旦旦，准备白头偕老，幸福一生，但是经历了对方出轨、暴力或冷暴力之后，对婚姻失望了，再也不相信感情，那就遵从自己的内心。如果自己有一定的经济基础，没有男人一样可以活得精彩。一个人生活，不必顾及他人，更有时间去发展自己的兴趣爱好，做一个自由人，不受别人控制，想怎样就怎样，完全为自己而活。离婚之后愿意独自生活，觉得自己不需要男人一样可以活得精彩，那就不必考虑再婚。无论怎么选择，有积极的心态，安逸、乐观地生活就好！

那么不再婚就一定好？也不是。再婚有益于身心健康。因为许多老年人独自生活，缺失了相互体贴、相互关照的伴侣，在精神上、情感上失去了依赖，每当遇到困难或者生病的时候，就会有较强的孤独感，甚至由此引发抑郁，加重组织器官的退化衰老，甚至激活癌细胞的发生，导致癌症。日本的一项调查发现，孤独生活的男性要少活 10 多年，女性要少活 5 年。

尽管是半路夫妻，如果懂得以历经风霜的心态来处理彼此间微妙的关系，携手相扶走完人生最后一程，会使人生暮年增光添彩。如果能找一个脾气相投的老伴儿，重新组织家庭，一起生活，时时相互体贴，寂寞的时候有人倾诉，出游时有人相伴，心里会感觉慰藉快乐。二度结合，假如能找到一种欢迎远行好友回家的感觉，能这样携手并肩走完人生最后一段路程，应该也不错。

这里给单身母亲一些建议：

◎ **儿女不能总陪伴在身边。**如果子女长大，母亲不想再独自生活，是有选择再婚的权利的，可以把自己的意愿向儿女表达。做儿女的，应该对此给予充分的理解，最好不要阻拦再婚。儿女再孝顺，对母亲生活上关心照顾都有限，精神上的寂寞空虚、内心的孤独，儿女不能弥补。夫妻在一起，特别夜深人静睡不着时，可以拉拉家常，渴了对方能给自己倒点水。相濡以沫，执子之手，与子偕老。这些是儿女替代不了的。

◎ **不管再婚，还是不再婚，要紧的是按自己的心愿做出选择。**你选择相爱，就别管是否能领证，能成婚，地老天荒爱上一场就是；你选择稳定，哪怕他不是很有钱，但是只要在一起彼此温馨、和谐相处就好；找到一个有共同语言、有共同爱好，互相能包容的人，就珍惜。找不到，一个人依然快乐幸福地生活。拿定主意，选择后坚强面对就行！

选择再婚后有可能会面临再婚夫妻关系协调、与对方子女相处、家庭经济等，相较于初婚家庭更多、更纷杂的问题，将在本章后几节中做进一步阐述。

如果再婚，与谁牵手

再婚如何选择伴侣？这是想再婚的人最为关心的问题。为了避免重蹈覆辙，再受伤害，在选择伴侣时一定要慎重。刚离婚的人，别急着重组家庭，用再婚疗伤。要用一段时间来想明白婚姻和爱情对自己的意义，自己要找一个什么样的伴侣？放弃对完美婚姻的期待，才意味着一个人真正成熟。

从经济上、心理上或社会学上来看，好的婚姻对人有多方面的益处。婚姻的本质在于用婚约把一男一女两个生命完全连接在一起，这种盟约关系是长期的，且具有排他性，因此一定得找对人。有调查显示，不少人离婚是因为两个人性格不合，融合度低，或一方违背婚约，使婚姻走向解体。离异之后，如果要再婚，选择合适的伴侣，至关重要。择偶渠道也很重要，一味等待，并不主动寻觅缘分，就太过被动了；仅靠亲朋好友介绍圈子又太狭窄，找到可意的人，可能性很小，更别说甄别了；网络是一个虚拟的大平台，选择的面会宽泛得多，但不如面对面更真切、更少欺骗性，因此线下见面是非常必要的。

再婚选择什么样的伴侣？这是想再婚的人必须梳理清楚的问题。是否具有吸引力和每个人的判断有关，取决于自己的需求、偏好、愿望，以及所处的情境。俊美的长相、开朗的个性、友好的态度都具有吸引力。对方显现的优点越多，吸引力就会越强。但是无论如何得明白自己能接受什么，不能接受什么，弄不清，不但会出问题，甚至可能丧失性命。

有一位五十多岁的大姐，会跳芭蕾舞，喜欢在镜子前铺开地毯，练习舞蹈。她很会做饭，每天变着花样给再婚的老伴儿下厨做饭。十八年前，他们在博物馆相识。那时男方刚离婚不久，大姐也结束了上一段婚姻。两人没有做过多了解，很快重新组建了家庭。

妻子对自己选择的再婚老伴儿一开始很满意。她觉得丈夫学识渊博，总被请去做讲座，被人称为“何教授”。他们住在一套三室两厅的房子里。闲在家里时，老何更愿意待在书房读书，或是研究文物。妻子觉得丈夫虽然比自己大八岁，但很会照顾人，经常带她出去旅游。这个离异重组的家庭，婚后夫妻曾有过甜蜜的时光。

但是，妻子对丈夫管控很严，总爱翻看他的手机和公文包。如果看到丈夫和哪个女人通话，她第二天就会吵架、骂人。因为她的确发现丈夫有出轨的行为。气愤之下，她曾提出分手，不愿离婚的丈夫便向她写了保证书。后来，丈夫走到哪儿，她就跟到哪儿，甚至还要求跟着丈夫一起出差。再婚以后的十余年间，两人争执不断，时常爆发冲突。甚至两个人在家动手，曾叫过警察。

无论如何，谁都想不到这段婚姻最终以一桩血案收尾。因聊到购房合同上写有前妻名字一事，夫妻间发生了口角。争执中，丈夫用砸核桃的铁锤砸向妻子的头部，妻子倒在客厅的地毯上。丈夫用地毯裹住她头部，又胡乱捶击了数下。妻子最终死于颅脑重度损伤。

这位女士是否有些过于自恋，以为爱慕与仰视会信手拈来。她对所嫁之人缺乏基本的判断与了解，以至于最终命丧黄泉。只有志趣相投、三观一致才会产生真正的感情，才会有信任。信任一个人，才能把自己的弱点和底线袒露出来。择偶确实不能被外在条件冲昏头脑，在婚恋市场上，存在劣币逐良币的现象。有些情场老手，利用中老年女性在再婚市场上不易找到能满足情感需要的男性，就玩弄起感情游戏，让人辨不清黑白。

在交往的时候，不妨了解一下他以往经历中最好和最糟的记忆是什么。当你了解了对他影响最大的事情及态度，就能更清晰地知道他的三观与自己是否一致。还需要知道他最想让自己做的是什么，希望如何满足他，让他最满意、最愿意的与你接近的方式是什么，在相处过程中，最让你开心的是哪些，你希望他为自己做些什么，比如希望他在生日这天为你做些什么，是承担一整天的家务，还是和你去一直想去的餐厅？有些人并不清楚自己心中最理想的夫妻关系是什么样，只有理清了才明白该如何找寻。

选择伴侣要重点考察对方的人品和性格。应该找一个你愿意他作为你的亲人，你也愿意作为他的亲人的人去嫁。不拿你当亲人的人，未必能相爱永远。把你看作衣裳，不爱了，如弃敝屣，结局比较惨。亲人可以做到不离不弃，无论多大年纪都是亲人。找个好人来嫁，选择的对象无论有没有社会名望，住房条件如何，都不能贪图虚名。嫁给一个心狠手辣的人，会连生命安全都得不到保障。

再次进入一段婚姻前，还是应该重新审视上一段婚姻存在的问题，对自己爱与被爱的模式自省，从而自我成长。这相当重要。如果带着旧有模式进入新的关系，有可能导致重组关系陷入旧的循环。

金钱与财富是女性希望拥有的，但是不如忠诚、素质和感情更重要。**再婚择偶最重要的是可靠、友善、幽默和智慧。**人不可过分贪婪，要求配偶知己、情人、伴侣三位一体，一下子尝尽做人的滋味，能够尽情销魂；还能分担忧愁，一道快乐；当清道夫，又当垃圾桶，而且还不会添堵。这样想未免奢侈。如果有一个爱你的人，发自内心地关爱你，生病时，他能细心照顾；伤心时，他能温柔安抚；你所有的喜怒哀乐，他都能感同身受，你的生命在他眼里高于一切。这就太应该珍惜了，其他条件可以不必太计较。

有一位女士，她结过婚，生过孩子，但是婚姻没走到尽头，她离了婚。离婚后她遇到了心仪的男人，他们相爱结婚。当时因为担心男方父母反对，他们隐瞒了她的这段婚史。后来公公婆婆知道了，气得够呛，天天逼着儿子离婚。

她和丈夫一道来咨询离婚时，头一直靠在身边的丈夫肩上。她看起来非常温柔、精致、美好，他们二人出示给律师的聊天记录也充满了深情。但公婆逼迫，无奈之下，他们就来咨询律师，“怎么样又起诉，又不离？”律师说，你们把真实情况一说，不会判离的。第一次庭审，法官没有判离。

一年后，女人又来找律师了，说公公婆婆还是逼他们离婚，怎么样才能再次保住婚姻？律师说，没关系，你按老方法试一试，这次又试成了。

事情过去不到半年，女人又来了。这一次，她的状态很糟糕，和之前判若两人。这一次她不再想保住婚姻，而是为了咨询离婚。

原来，在父母的压力下、生活的不顺中，丈夫逐渐把怒火都发泄在了她身上，不再照顾二人亲生的女儿，也不给抚养费。原来那个一往情深的丈夫变了，公公婆婆还照例每天轮番骂她。庭审时，女人在，男人也在，可惜两个人已经变成了仇人。曾经彼此相爱的一对，如今相互憎恨如仇敌。

婚姻是一种合作，是经济上的共享，责任上的同担，风险上的同负。到今天，它的情感属性越来越弱。婚姻不是爱情的保鲜室、安全感的源头，不是情感培养皿、价值感养殖地。婚姻不过是两个人，一种关系，一段吉凶未卜的生活。这一点，再婚之前选择伴侣之时，应该想清楚。成年人再婚不单单是爱情本身，还包含着支撑爱情的物质基础。要想判断不出差错，有三点需要注意：

◎ **频繁交往以一年左右较妥，太短不易弄清彼此是否合适。**当然也需考量对方的经济状况。对方不一定要有很多钱，但至少要有生活保障。再婚的女性大多已步入中年，没有能力和精力再去打拼，找一个经济基础稍好一点儿的老公，相对而言彼此的后半生都会有所依托。任何夫妻只要为金钱而痛苦挣扎，其婚姻满意程度就会下降。

◎ **两个人在一起能否有共同的价值观，能否一起参加一些共同感兴趣的活动？**观察一下他是如何待人接物的，彼此是否合得来，如果行为方式差别过大，那么婚后的磨合难度也很大。两个人能在如何花钱、存钱上达成共识；考虑并讨论长期开支，如何做预算；即便夫妻之间经济实力悬殊，也不会使双方婚后权力太不对等。

◎了解一下对方原来的家庭状况，有什么禁忌。生活习惯对未来家庭的生活影响很大。如果能在独自生活时就保持创造生活乐趣的能力，不去做那些令对方在意的日常琐事，就可能相处融洽。不是苦兮兮地寻觅“没你不行”的伴侣，而是乐呵呵地找“有你更好”的那个，这样才能获得长久稳定的亲密关系。

世界上没有十全十美的人，选择再婚伴侣要放弃对婚姻理想化的期待，不要把所有的愿望加在一个人身上。

再婚夫妻如何与双方子女相处

再婚之后，要想让再婚关系稳定，就必须与两边子女相处好。千万别以为把对方的孩子当作自己的孩子就行，更不能试图取代孩子的亲生父母，得让孩子在心底深处永远给亲生父母一个不可撼动的位置和空间。站在心理学的角度，没有人能够“背叛”自己的父母。切断与亲生父母的关系，或避而不谈与亲生父母关系的做法，只会让孩子陷入强烈的心理冲突中。只有充分尊重前任，允许孩子与亲生父母保持亲密稳固的联系，孩子才愿意与继父母建立新的家庭关系。

老年人再婚受各种因素的困扰，其中子女反对是构成老年人再婚的最大障碍。子女反对的原因既有认识问题，也有权衡自身利益得失的问题。即便结了婚，再婚夫妇也可能与对方或自己的孩子发生冲突，从而对再婚家庭构成巨大的冲击。

有这么一对再婚夫妻，他们选择再婚的时候，双方子女倒并不反对。几年之后，一件不幸的事情降临到这个家庭，丈夫突然发现体重减轻，到医院一查，被诊断为肺癌晚期，病灶部位无法手术。医生给出的治疗方案是化疗，两个方案让他选择：使用国产药物化疗，医保大部分可以报销，但副作用较大；用进口药物患者痛苦较小，但得全部自费，价格不菲，一个疗程就得好几万元。几个疗程下来，几十万都不一定打得住。若选用进口药物，经济压力会很大。丈夫自己决定使用国产药物化疗。但他女儿不同意，说即便卖掉父亲的住房也得使用进口药物化疗。她说，如果她母亲活着，一定会这样做。后老伴儿听了，心里很不舒服。

妻子和丈夫商量，谈起近年来眼见一位又一位熟人被癌症夺去了生命，就算是使用进口药物化疗，也未必有回天之力。到头来还落得人财两空的例子，俯拾皆是。她认为化疗未必是唯一的选择。他们商定不再化疗，选择素食、散步和日光浴。丈夫的身体状况一度见好，一次散步可以坚持一两个小时。可惜的是，最终还是没能留下丈夫的生命。

然而，治疗方案的选择，让妻子和继女间结了疙瘩，引发丈夫女儿的强烈不满，直到丈夫过世。不知是幸还是不幸，丈夫过世之前，留下遗嘱与妻子互赠一半房产，这样就保证了遗孀有房可住。卖掉另一套房子，又能在丈夫过世之后，把留下的遗产稳妥地做公平处理。既保障了丈夫女儿应得的遗产，也给他们再婚之后所生的儿子留有一份，同时保留了妻子的住房。

其实在他们夫妻商定治疗方案时，应该请已经长大成人的女儿参加，这样既能让她较好地理解父亲的心愿，又有发表意见的机会。**如果遇事将心比心、换位思考、降低期望值、坦诚交流，就能多几分理解，对于所做的选择就会少一些误会。**一时意见不统一，出现分歧，还需保持一定的冷静与克制。人在争吵之中，不太容易做到这一点。激动时，做几下深呼吸，尽量使自己冷静下来。还可以采取“反射法”之类的措施，用自己的话把对方的意思重复一遍，让自己平静下来，弄清楚对方的想法，力争在复述中让自己与对方有一种情感沟通。

再婚之前就需要考虑清楚对方对你孩子的包容程度。这关系到再婚之后夫妻关系能否和谐，直接影响家庭生活的幸福指数。所以一定要弄清对方的真实态度，自己也不用刻意隐瞒实情，坦诚表达更为妥当。

有一位因前夫出轨，又遭遇家暴而离异的大姐，一个人把儿子抚养大。她有工作，即便将来退休亦衣食无忧。可是在儿子上大学后，只剩下她一个人在家的时候，她觉得并不那么快活，时常感觉孤独，会无端伤感，甚至会莫名流泪。

十多年前她遇到了一位男士，他有自己的女儿，但是对大姐的儿子也视如己出。他很会过日子，精打细算。大姐迁就了他，他们再婚组成了完整的家庭。这个男人很能吃苦耐劳，靠打拼给自己的女儿买房、筹办婚礼；对大姐的儿子工作、结婚也没少帮衬。

没承想，这位大姐六十多岁就病了，得了老年痴呆。出门后找不到回家的路，后来病得身边离不开人了。她的儿子、儿媳都有工作，在他们发愁不能分身陪伴母亲，不知如何是好的时候，后老伴儿决定放弃每天300元工资的工作，自己专门陪着妻子，吃喝拉撒样样照顾着，走到哪儿，就把她带到哪儿。大姐的儿子激动地表示，一定如亲生父亲般给他养老送终。

中国有句老话：满堂儿女，不如半路夫妻。这话总让人想起常见的老旧房屋中，空寂冷清、孤身一人的凄苦场景。有人觉得，上了年纪的单身者似乎没有必要再关注情感问题。他们也不再繁衍后代，未必需要伴侣；不必再为“爱情”而烦恼，找伴儿是年轻人的事。老年人的婚姻，很难被看好。于是，老年再婚这件事，在很大程度上被忽视了。有人说，感冒时真就需要有人递过一杯水，**老夫老妻有时就是一杯淡淡的水，看似很淡，其实需之甚切。**

再婚夫妻不能认为只要他们深爱着对方，一切就都不是问题。与对方的孩子关系如何，他们的情绪怎样，这不是再婚父母之间有深厚感情便能替代的。继父、继母并不好当，再婚之后如何处理好与双方子女的关系，有几点建议：

◎ **降低期望值。**在对方孩子的眼里，继父母是闯入原生家庭、夺他所爱的“局外人”。况且，此时的继子女或步入青春期，或已成年，少了养育的情分，相处起来更难培养感情。继子女常常把优点集中于生父生母身上，把缺点统统加给继父母。要有这种心理准备，别期待孩子一开始就接纳你，与你友好相处。调整好自己的预期，才会降低自己的焦虑和担忧。

◎ **真心把对方的孩子视如己出，就会发自内心地接纳。**要想和对方的孩子相处愉快，必须付出真情实感。不要想用忍气吞声换来顺畅的代际关系。好的互动关系是建立在双方坦诚相待的基础上的。真诚相待是最有效的，彼此伤害最小。别以为自己只要做得比亲生父母好，就能建立和孩子之间良好的关系。与隐藏在言行之下的潜意识相比，不良情绪更容易伤害继子女的心。

◎**给自己准确定位。**只有继父母充分尊重前任，允许孩子与亲生父母保持亲密和稳固的联系，孩子才可能与继父母建立新的家庭关系。坦诚面对自己永远无法和亲生父母相比的现实，尽力做自己能做的，反而会给彼此一个建立友善关系的机会。

再婚夫妻需要共同努力，如果各自打小算盘，做什么都没效果。夫妻双方都别太敏感，别指望对方对待继子女像对亲生子女一样，这本来不现实，但尽量要求自己平等对待对方的孩子，才会建立良性互动。

避免再婚夫妻的经济纠纷

社会对老年人再婚的理解度、宽容度、支持度都不高，再婚的稳定性差，除了前面所讲的夫妻感情、继子女相处问题外，经济纠纷也是一大关注焦点。因此再婚之前最好能各自做婚前财产公证，或相互做好关于财产的约定。这对消除再婚阻力、避免财产纠纷、减少家庭矛盾、保护个人财产，稳定再婚家庭关系具有积极意义。

家庭本来是一个经济联合体，再婚的双方可能各自都有子女，各自的财产也并非共同积攒，容易发生经济纷争。再婚夫妻双方一般会有自己的婚前财产，为了避免日后发生财产纠纷，避免在两人分手或一方离世时，因财产分割发生争执，最好在再婚登记前，对各自的婚前财产协商好，并记录在案。再婚后创造的财富，按照婚姻存续期间的共同财产来使用或分割。这样无论再婚夫妻是否能白头偕老，谁先撒手人寰，或未能很好调适再次分手，都不会因财产而与对方或子女发生纠纷。人生不过百年，既能规避不快，何不防患于未然？

有一位女士的丈夫病逝已经近二十年，她独自拉扯大了儿子。感谢命运，让她遇见了可以重组家庭的男人。他也是丧偶，有一个儿子，儿子已经结婚。他们两人挺投缘的，说什么都能说到一块儿。他们打算去领证。男人和她商量，提出要各自去做婚前财产公证。听了他的话，这个女士自忖也觉得有道理，虽然他们之间彼此信任，但毕竟各自都有孩子。即便是由于爱、珍惜和欣赏对方而打算缔结婚姻，但是婚后的磨合能否成功？他们中肯定有一个会先走，之前的住房、存款作为遗产会留给孩子。如果重组家庭，在很长的一段时间内会是一个经济共同体。经济依旧是家庭安身立命之本，一切会为经济条件所左右。去做一下婚前财产公证，的确有必要。她觉得他的建议是对的，也就安然接受了。

公证是对自己和对方独立性的一种确认。证明自己不是图对方的财产而婚娶，避免因之而产生的猜疑，这不挺好吗？！能避免纷争何乐而不为？公证虽不能保证婚姻幸福，却能为今后的生活扫除阴影。接受公证可能起到法律上对自己、对孩子的保护作用。

有一对再婚夫妇，婚前妻子有一些积蓄，婚后丈夫有了外遇，他们决定离异。因为婚前做了财产公证，妻子才避免了不少经济损失。

相反，张女士在与李先生再婚时，将自己名下的动产、不动产一股脑儿地带到了李先生家，与李先生的财产合在一起，不分彼此，共同使用，现金则交由李先生掌管。后来，两人感情破裂，到了非离不可的地步。在离婚过程中，双方在财产分割上发生了争执。张女士说，李先生手中的120万元存款有80万元是自己婚前的，应退还给自己。李先生却说，张女士婚前存款只有40万元，其余80万元是他的。由于双方都拿不出证据，法院最终判决：双方各自享有60万元。对于这一结果，双方都很难接受。

当然，**再婚夫妻不能在财产上太小心眼，斤斤计较。**再婚的双方也得允许各自有一定的可以支配的金钱财物，不然就太受拘束了。由于再婚夫妻各自有不同的经历，彼此在金钱方面不大愿意向对方完全公开。这可以理解，不必过分追究。只要知道另一半大致的工资和奖金收入，做到协商花钱，合理使用就行。

为了避免再婚后的心理失落，虽然因相爱而登记结婚，但因双方各自都有孩子，还是婚前订立下夫妻财产协议或约定为好。说清楚双方各自的婚前财产归各自所有；双方婚前婚后各自的个人债务由各自偿还；各自的财产由各自的孩子继承；再婚后的生活开支由双方共同负担。彼此之间虽有相互扶助的义务，但仅仅是义务，不作强求。如果丈夫不愿意为继子出钱买房，他可以做这种选择，在夫妻财产协议中写明，夫妻双方的心态就会平衡。

有一对同样都是丧偶的夫妻再婚时，年岁已大，二人没有共同的儿女，但是他们还是在一起度过了多年的幸福时光。2015年6月，丈夫病故。他生前有一套105平方米的房子，位置很好。因为这所房子，他87岁的后妻和发妻的儿女发生了遗产纷争。丧夫后4个月，丈夫的子女就把后妻告上法庭，要求依法对父亲的遗产进行分割。后妻表示，她自己曾放弃继承前夫一套房产，获得5万元现金补偿，用这笔钱和丈夫一起购买了这套房子。这套房产属于她和丈夫的共同财产，与丈夫的子女无关。

一年之后，后妻病故；而又过一年，丈夫的儿子病故。由于这两个人生前都没有立遗嘱。结果这场官司随着主角的病逝就换了原告及被告。2018年法院再次立案，原告和被告换人。后妻的三个亲生儿子成为原告，起诉丈夫的女儿和儿媳，要求确认他们对这套房产的继承权及份额。最后的结果是后妻的三个儿子各自拥有此房屋九分之二的产权，丈夫的女儿和儿媳各拥有六分之一产权。也就是说，后妻的孩子共分得房子的三分之二，而丈夫的后人分得房子的三分之一。因为这对夫妻再婚时，双方的子女已经成年，而这所房屋产权登记在夫妻二人名下，各按二分之一产权份额共有。如果再婚夫妻带来的孩子未成年，是可以继承继父、继母的财产；如果孩子已经成年，就不能继承继父、继母的财产。为何后妻的子女会比丈夫的子女分得多呢？这是因为妻子病逝在后，她先继承了丈夫的遗产，在她去世后，由她的子女再继承。也就是说，丈夫的遗产让后妻的孩子继承了一部分。

在《中华人民共和国继承法》中对遗产如何分配做了明确的规定和说明，必要时要寻求法律的帮助，捍卫自己的合法权益。解决再婚财产纠葛问题，根本之道是要事先约定再婚夫妻财产协议，最好是三个不变：

◎ **双方婚前财产所有权不变。**对对方的房产和室内家具等生活资料，再婚夫妻之间有使用权、管理权、维护权，没有所有权和处分权。这就需要双方在再婚前进行财产公证。

◎ **双方亲子关系不变，包括称呼不变。**长大的子女对父母再婚的老伴儿，也可称叔叫姨；赡养关系不变，父母再婚后，可以不赡养父母再婚的老伴儿；护理关系不变，老年人患病需要护理时，第一护理人是老伴儿，第二护理人则是老年人自己的子女，对方子女没有护理义务。一方大病需要经济支持时，第一出资方应是病人自己，其次是他的子女，第三才是再婚的老伴儿；养老送终的关系不变，子女只为自己的父母养老送终，处理后事；继承关系不变，只继承亲生父母的婚前财产。再婚后的财产，夫妻之间有相互继承的权利。而双方子女没有法定继承权，只有遗嘱继承权利。

◎ **双方婚前财产继承权不变。**谁的婚前财产由谁的子女继承。有了这个明确的规定，会避免不少麻烦。再婚夫妻的财产如果为婚前财产，双方各自的这些财产如何在生前死后处理和安排，是非常敏感和棘手的问题，极易发生冲突。最好生前留下遗嘱，并作公证。如果一方认为可在合适的时候把财产安排到自己子女名下，应事先告知另一半；如果双方未做协商，可能会引发夫妻财产纠纷。

处理自己婚前财产，还是婚后所得，把自己的财产留给自己的子女，还是对方的子女，要尽可能兼顾双方利益，多沟通、多协调，秉持公道，一碗水端平。一旦发生冲突，不必急于抛出解决方案，先让自己冷静下来。强烈的情绪化冲突会激化矛盾，会使婚姻不稳。

第五章

Part Five

如何处理好家庭关系

社会是个复杂的系统，家庭是社会的基本元素。每个人在家庭中扮演不同的角色，如果你的行为超越了角色本身的范畴，就是越界，会打破应有的秩序。位置搞错就尴尬了，甚至令人生厌。如果不做出调整，矛盾就会升级，乃至酿成悲剧。

隔代养育利弊兼有

在中国，独生子女成家之后，许多中老年女性做了年轻父母的无声后盾。她们先做孩子妈妈，然后再做孩子的孩子的“妈妈”。而这种劳动是一种不被计算的沉没成本，很可能记不到功劳簿上，甚至连苦劳都不一定算得上，未必能称了孩子妈妈的心，反倒招致埋怨。

有人曾做过随机调查，中国中老年女性，不少人自觉自愿地带孙辈。大约有 50% 的父母白天将孩子托付给长辈，晚上自己回来再带；30% 的父母将孩子完全托付给长辈，自己一周、一个月，甚至几个月才见一次孩子；10% 的父母将孩子托付给保姆；只有剩下大约 10% 才是爸妈亲自带孩子。**亲情与血缘及延伸而来的“啃老”与心甘情愿地被“啃”，依旧是中国社会很多家庭的框架结构。**这种模式最大的好处就是抗震能力强，度过危机的灵活性也强。姥姥和奶奶通常的角色总是生活在母婴世界里。一方面是用孩子来填补自己内心的空白；另一方面也分担了年轻母亲的重负。但是这种以亲情和血缘为基础的隔代养育模式，已经出现种种问题。

有一位姥姥这么说：

我已经退休了，只有一个女儿，女婿在一家医药公司工作。我有了一个可爱的小外孙女。女儿的工作忙得不可开交，她希望我能到她家来帮她带孩子。到她家去我愿意，一方面能帮她，另一方面也能解除我的寂寞。看着那么天真可爱的孩子，我的心情别提多好了。

我每天带孩子，帮助买菜、做饭、打扫卫生，看着小外孙女一天天长大，心里特别乐呵。虽然我没有时间旅游、和朋友聚会，但因为和女儿一家在一起，少了寂寞，多了忙碌。日子过得飞快。可作为母亲，我心里明白，这是女儿的家，我在这里是客人。

女儿、女婿小夫妻由于我的存在，单独相处的时间少了。女婿是南方人，和我的饮食口味不同。他不提要求，我做什么，他吃什么；在家也穿得齐齐整整。女婿对我客客气气，我知道他是懂事，明白我在帮他们。可是，家本来是个自由的居所，总不能放松，人会不舒服。

我年纪大了，怕冷，就怕小孙女受凉。而女婿火力壮，看不惯我捂着孩子，可他又不好说。于是，如果女婿给孩子穿少了，我就尽量管住自己，不多吱声。给孩子吃什么，不吃什么，我和女儿、女婿也有意见分歧。我怕这样时间久了，会造成冲突，很想凑合一段时间，等女儿把孩子送去幼儿园，我回自己的小家单过。可是女儿一方面怕我寂寞，另一方面也从小依赖惯了。像现在这样，下了班，一切现成，不用太操心，她不愿意我搬回去。我从心底也愿意和他们在一起，只是有些为女儿担心，生怕在女儿家住久了，影响他们小家庭的生活。

这位姥姥的担心不无道理。母亲现在这样，放弃旅游、放弃交友，一心一意帮衬女儿是在不计代价地付出。如果在女儿、女婿需要帮助的时候，母亲伸手，能让他们感受到关爱，她自己也感觉有一份浓浓的亲情在身边。亲情是一点点培养起的。长辈总觉得能付出时不付出，在孩子最需要的时候没有帮衬过他们，心里会不安。

也有一位奶奶这样说：

我不是在强调照看孩子是谁的责任，而是觉得，自己出钱出力，还不能随心所欲地做事；只能尽己所能地付出，时间长了实在有点儿不舒服。大家都觉得，祖辈带孙辈是理所当然，似乎我自己也觉得有这个责任，好像我每天所做的都是应当应分的。

我就是有点儿想不通，怎么就那么应该呢？带孩子是谁的责任？怎么变成了主要由各家老人在带孩子。我明白请保姆不现实，一个月好几千，没几家开销得起。我们退休工资不高，小两口儿挣得也有限，哪儿都得花钱，所以只好让老人给带孩子。在中国，不光城市几乎都是祖辈在带孙子，而且农村的年轻人也基本都外出打工，把孩子放在家里由爷爷奶奶照顾。

老人牺牲自我，对孙辈不计回报地付出，在中国人普遍的意识之中，是“应当应分”的。现在年轻人工作压力、经济压力都不小，得养家、还房贷，不靠外力，很难独自完成抚育后代的任务，所以很多家庭由老人给带着孩子。很多人都是因为有父母的大力帮助，才得以维持正常的家庭运转。中国的国内生产总值与社会和谐指数，无论是否被计算，都有老人的一份奉献。但是，这份奉献是一种不计回报的沉没成本。

隔代养育利弊兼有：

◎利——展现老年人的价值，享受天伦之乐。

凭借亲情与血缘的关系，由老人来养育孩子，这依旧是目前中国社会家庭的基本框架结构。这个结构最大的好处就是从时间与精力上解放了孩子的父母，家庭的抗震能力强。万一家中有人失业或重病，彼此多几重帮衬，度过危机的灵活性也更强。

姥姥、奶奶具有一定的育儿经验，有足够的时间和耐心照顾好孩子。祖父母含饴弄孙不仅给老人增添了生活的乐趣，也促进了身心健康，使他们重新体会到自己的价值。隔代抚养会让老人有价值感，加强祖孙之间的感情纽带。老人获得了关爱和尊敬，情感的需要也能得到满足，享受了天伦之乐。

◎弊——容易伤身伤情，引发各种纠纷。

一方面，老人带孩子，除非双方老人轮替，不然几乎没有什么时间交友、旅游，无法安排好自己的生活；老年夫妻间关系的协调也几乎排不进时间表。关键的是，带孩子对老人自身生活可能存在负面隐患，在养育的“刚需”面前，几乎顾不上考虑。

另一方面，隔代养育的过程中会因为两代人的观念不一致，引发各种纠纷。过去，几代同堂的大家庭，儒家思想给老人以威权。现在别说“家长制”那篇翻过去了，就连老人都知道自己观念落伍，也不敢乱指挥了。信息爆炸的时代，祖辈的观念、思维模式都比较陈旧，知识更新与接受高科技等方面的能力减弱。这对孩子的价值观念与行为方式的形成会有消极影响。孙辈的养育问题很容易就成为家庭纠纷的起因之一，到底应该听奶奶、姥姥的，还是听孩子爸妈的？如果孩子从小由老人带大，那么掌控权可能在老人手里，父母的遥控与老人的抚养之间协调并不容易。

界限，可以说是中国人最缺乏的概念之一。界限感模糊，直接导致家庭中的每个成员都充满焦虑，因为每个人不仅要负责自己的情绪，还得考虑其他成员的情绪。如果老人在家中的地位如同“保姆”，对儿女不仅要养育，找工作、结婚、买房、带孩子，样样付出，尽义务不说，还得时不时被提示为“多余人”。这样老人心理承受能力会变差，结果引起家庭纠纷，对孙辈的成长也不利。

越亲近的人，越需要界限感。隔代养育的过程中，老人不能将本该属于孩子父母的责任全部揽到自己身上，弄得既紧张又焦虑。界限感模糊就会常常把自己的意愿强加于别人，父母该处理的事情也依赖老人，老人对于这种越界不拒绝，自己又力不从心。

三代人共同相处，难免磕磕绊绊，为了创造一个轻松的氛围，不妨试试以下建议：

◎不把子女家当自己家。

有了界限，才能保证我们生命中重要的关系是对等的，亲近地保持距离，才是恰当的交际方式。作为母亲，不能因为宠惯子女，就把子女家当作自己家；或者干脆当成职场，要有回报才平衡。如果母亲一向包办家中的大事小事，一贯的“女主人”作风到老了还不能改变思维定式，太过强势，要求儿女或儿媳、女婿顺从。而下一代很难再去一味服从，母亲曾经一手控制的局面不再，就会令自己失落。

无论如何只能提出建议，听不听不作计较。真正的母爱应该是对儿女生活的参与程度逐步递减，给儿女自己的生活腾挪出空间。母亲得从第一亲密者的角色中退出，让位给子女的核心家庭。

◎关注自身健康，别为了带孩子伤了自己。

身为父母，选择帮忙还是不帮忙，全看自己的条件。谁都承担不起谁的幸福，老人的快乐同样不能寄托在第二代、第三代对自己的态度上。别被孩子拴住了，给自己留出空余时间，交友、旅游，缓解带孩子的压力。

◎祖辈与父母应积极沟通，形成教育合力。

和谐的家庭关系是孩子健康成长的良好保障。在孙辈的养育问题上，老人得与子女很好地沟通，形成教育合力，千万不要争什么控制权。只有这样，孩子才能懂得做好自己，尊重别人。长大之后处理亲情、爱情、友情等复杂的人际关系时，也不会有痛苦地纠结。祖辈可以做到的就是尽量与时俱进，学习与掌握现代理念；多听听子女的意见，尝试摒弃旧有的固化观念。这样才好与儿女交流、沟通。一旦两代人有冲突，方能设法化解。

婆媳之间相处有道

婆媳之间，彼此没有血缘关系，没有必尽的义务。有的只是从素昧平生到一步步换来的情分。每一个有儿子的女人，将来都可能是婆婆。当生活不能自理的时候，没有几个男人会为了伺候父母辞职回家，照顾老人的责任很有可能落到儿媳身上。如果婆媳相处得不好，那么有什么理由让儿媳照应自己？

中国的传统与现状是代际养老，不是社会养老。如果家庭关系紧张，依靠后代养老，而两代人相处不快，这养老如何圆满地实现？有爱的家庭，在彼此需要帮助的时候伸出援手，相亲相爱，才能相依相伴。当婆婆的得体谅自己的儿媳，为了和儿子结婚，她离开了父母，颠覆了二三十年的生活。儿媳来到一个陌生的环境，努力与他的家人相处好，会像个迷了路的孩子，希望换来理解，换来真心真意，对她别太苛求。家族门第意识随着中国大家庭模式的解体，独生子女政策的实施，“续香火”一事已经淡化。核心家庭，小家庭利益聚焦已成既定事实。无论在儿女的婚事或在养育后代上，老人是否出钱出力，都改变不了核心家庭的独立性。这一点老人必须谨记。如果认不清这一点，端足了婆婆架子，把儿媳当成争夺儿子的“情敌”，甚至不惜使用“手段”，那这个家不但不会和美、幸福，甚至还可能分崩离析。

在宁波慈溪发生过一起命案。一位年轻的母亲赵某在家中被杀，她的孩子才五岁。案件很快告破，买凶者竟是她婆婆。赵某的丈夫以前还结过一次婚，前妻被婆婆给气跑了，与赵某再婚。婚前，婆婆就对这个儿媳不满意。婚后，本来他们是分开单过的。而婆婆把房子卖了，搬去和儿子同住。婆媳之间一直不和，无奈之下儿子、儿媳又买了一栋房子，搬出来住。看到两夫妻一起旅游，还秀恩爱之后，婆婆的恶意终于爆发了，花了五万元雇凶杀人。本来小两口儿感情不错，儿子也几番努力挣脱母亲，血案发生前他还在朋友圈写道：“老婆，我永远爱你！”婆媳过于敌对，甚至于婆婆到了如此丧心病狂的地步。

中国传统社会在“孝道”的潜意识之下，公婆想控制子女的人生，认为自己可以干预儿子的生活。婆媳之间有共同的亲人，在经济利益上有着千丝万缕的联系，常常相互支持。老人会倾其所有帮助出资购房，完成婚典，参与养育第三代。公婆这样做往往是出于爱儿子，认为儿媳娶进自家门，就是自家人，认定儿媳不该对立。其实这种观念早已过时，一旦儿女成家，与父母就构成两个独立的家庭。婆媳之间本来有代沟，习惯、生活方式、价值观念各异。婆媳间没有矛盾、分歧的家庭很少，想用辈分换来服从，是不识时务。**核心家庭成为主流，老人无权跨界。**面对不一致，如何处理需要慎重。

婆媳关系，是亘古不变的难题。婆婆似乎被普遍定义为刁难、啰唆、守旧、多管闲事等，其实每个婆婆都是善良的母亲，生养儿子一场，孩子成了她生命的支柱和期望，突然被“取代”，难免会失落。这时的确需要换位思考。两个并无血缘关系的人到一起，能把对方当成自家人看，不易。这种关系比较脆弱，只能维系。

有个儿媳这样对婆婆说：

在我结婚之前，您对我而言只是个陌生人。我的身心、学历、知识、能力、教养，来自我父母。婚后要变成您的家人，对此无疑。可是要听从您的话，我内心不能平衡。我经济独立，有工作、有能力，不必依靠什么人；我花自己赚的钱，无须看他人脸色。我不欠您的，没要您养，更没拿过您的钱，我可以尊重您，但是不能一切让您做主。

您所有的恩情、功劳都记在我丈夫身上，要回报的是他。我忘不了，当我感冒了，您竟会对我冷言冷语，笑我身体差。如果您一定要我帮您做这做那，至少得停止挑剔，还应心存感激，因为我不欠您的。我做，是因为看在您是我丈夫母亲的份儿上，仅仅如此。

婆媳相处，由于没有共同生活的基础，首先就得彼此尊重，如果有看不惯或不喜欢之处，尽量视而不见，最多委婉地交换意见，逐渐达成共识。婆媳间在言语上更需慎重，这样不仅不会损害亲情，反而会使两人变得更加亲近。如果老人做得大度一些，会增加彼此间的亲密。现在年轻人要养育后代是很不易的事，工作压力大，要买房、要还贷。真让婆婆来带孩子，还有一个两代抚养观念、方式是否一致的问题。婆婆爱儿子，极易一遇不顺，有意无意地归咎于儿媳的责任，这样做的结果只会加重不满，造成更强烈的敌对情绪。

婆媳本属两代人，价值观、消费观都不同。观念不同正常，导致摩擦不奇怪，不能要求别人得跟自己想的一样。想办法站在对方角度理解问题，别感情用事地争吵，别把问题复杂化。如果有条件，能与子女相邻，但不同住，这样的家庭幸福感最高。最终选择能够兼顾独立，同时又享受亲情。分开住可以避免两代人之间的矛盾，有利于缓解因生活方式不同而引发的婆媳或翁婿关系的紧张。有什么想法，让自己的孩子转述会更好。还是大度一点儿好，原谅别人的过错，就是善待自己，也善待他人。不要太挑剔对方，还是在众人面前多说对方的好，一旦对方听到了，心里也会美滋滋的，大家都觉得有面子。

“雅努斯”是罗马神话中的一尊两面神，他的脑袋前后各有一副面孔，一面看着过去，一面注视未来。古罗马钱币上常出现这尊神的形象：一手拿着开门的钥匙，一手执警卫长杖。这个形象让人想到自相矛盾，“雅努斯心态”也会出现在婆媳关系之中。儿媳希望婆家出钱出力、帮忙带孩子，但又不想让公婆干预自己的小家庭生活。一旦当孩子成家，自己做了婆婆，双重标准又换了个个儿。

婆媳并非由欣赏或友爱走到一起，彼此是被动接受。婆媳之间看起来是老年人出钱出力娶回了儿媳，其实是儿媳占据主动位置。尽管婆婆从心里认为儿媳进了她的家，其实如果是她在儿子家帮助看孙辈，女主人不是婆婆，家长权不在婆婆手里。如果婆婆在儿子家“干政”，理直气壮的不是婆婆，老人才是关系中的弱势一方。儿媳占据强者位置，不妨给弱者留点余地。

妻子如果爱丈夫，就不妨对公婆爱屋及乌；有博爱的胸襟，就不会言语无所顾忌，伤害老人的情感；切不要不管不顾，甚至“落井下石”。在合理的范围内尽量让着长辈，如果她做了不合己意或不合时宜的事，尽可能讲究方法地表达出来。如果儿媳对婆婆的越位干涉不满，便对老人在言语上不留分寸，出言不逊，会逐渐发展为亲情框架内的迫害施虐。有时悲剧是在不知不觉的状态下开始的，甚至一直持续下去，直到一方生命的终结，这有多悲哀。

老龄期很漫长。如果两代人在一个空间生活，每个人都得对他人多些担待。短时间做到容易，长了各自难免会感到压抑，如果这样，不如分开过反而释然。平衡只能建立在自己身上，不能把重心放到儿孙那里。生活充实得靠自己，有聊得来的老友就多聚聚，有谈得来的人就多处处；有喜欢的热闹就多凑凑，有想做的事就多试试。这样才能活好自己。

婆媳之间该如何相处呢？

◎ **婆婆一方，多多理解儿媳。**首先得对儿媳有足够的尊重，如有看不惯或不喜欢之处，尽量视而不见，最多委婉地交换意见，逐步达成共识。言语上更需慎重，这样才既不会损害亲情，又使两个人变得更加亲近。如果老人做得大度一些，能够内省，会增加晚辈人的敬重。把自己从对立情绪中解脱出来。尽量放宽自己衡量儿媳言行举止的尺度，不必总认为儿媳不懂事，因不满而引发各种矛盾。出现矛盾时，检视一下自己，别认为自己出钱出力，就有权挑剔。

◎**儿媳遇事多和老人商量，不要把婆婆晾在一边。**与婆婆多聊家常，多做家务。婆婆心情舒畅，对儿媳也会多几分喜欢。如果婆媳对着干，婆婆会把儿媳摆到敌对的位置上，不依不饶。要想让自己活得舒服，得先理解老人，让老人也能舒心、顺心，丈夫才好做人，孩子才能在欢乐的家庭氛围之中成长。如果有颗善良之心，能换位思考，就能淡化冲突。

如何处理和亲家的关系

孩子成家了，结了婚，就多了一门非常重要的亲戚，那就是亲家。原来半点儿不认识，没有任何血缘关系的两个家庭，因联姻而形成特殊的社会关系。两家的社会背景未必相同，生活方式迥异，对问题的见解也会存在差异。能否处理好亲家关系，直接影响到小夫妻间的和睦。

亲家之间处得好，大家其乐融融；若有了矛盾，便直接影响两个年轻人的生活和谐与婚姻成败。万一出现纠纷，解决好亲家彼此之间的矛盾，对于小两口儿未来的生活极其重要。**开明的亲家应该尽量化解冲突，为子女创造一个舒适、宽松的氛围。**作为小夫妻，得规劝双方的父母，别因为两家人的关系影响自己小家庭的正常生活；并通过长期细致的工作，消除亲家之间的隔阂和误会，使家庭生活逐渐恢复正常。

有一位女士，对她的亲家很不满意，觉得他们对自己女儿太抠门。不但什么都不付出，还想得好处，又不懂礼数，所以很看不惯他们。但因为女儿的关系，有时没办法，还得和他们相处。尤其是女儿生了宝宝之后，婆家不管带，一点儿不伸手帮忙；还要到女儿家来住，并且还要她本人来照顾亲家母。亲家母年龄比她大，什么都做不来。女儿、女婿上班，不得已中午自己还得做饭给亲家母吃。女儿、女婿忙，而她又得帮女儿带宝宝，还要照顾女儿的婆婆，所以心里实在不痛快，身体又累，心情又不好。成天和亲家母处在一个屋檐下，她觉得简直受不了。她不想和亲家闹翻，不知该怎么办好。

遇到这样的问题，肯定得靠子女去协调。母亲要坐下来，和女儿说一下对亲家的看法，把自己的心里话告诉女儿，让她去和女婿好好谈谈，最终找出一种双方都满意的解决方案。比如，可不可以姥姥、奶奶轮番来照顾孩子；如果奶奶承担不了这个责任，能不能别在这里久住；如果出不了力，可不可以出钱。奶奶有什么想法，让她告诉自己儿子。大家彼此相互理解，不要只说自己一方面的理。关系是慢慢建立起来的，很少哪家天生就和哪家处得好！

亲家之间的矛盾大都是由于利益不同，出钱、出力不均造成的。人的价值是通过与人交往实现的，对别人有用，才能体现价值。如果谁能出力，能让家人因之得到享受，便会增进家庭的温暖。家庭需求本来是由基本生存的物质条件做基础的，有了家的温馨，才会让人有归属感、安全感，满足心理健康、精神层面的需求。无论娘家、婆家，谁能帮谁帮，不做计较，才能换到两家的和睦。

亲家之间出现矛盾，也有可能是因为沟通不畅，由误会造成的隔阂。

假如缺失信任，那么看似最简单、唾手可得的家庭温馨也会渐行渐远。有时多几分理解，矛盾可能会迎刃而解。孤独远比贫穷更可怕。如果因为亲家关系没处好，弄得小家庭分崩离析，连亲子关系都可能受影响，到头来就会变成孤家寡人。

有一位北京的女士不断抱怨她的亲家。春节时她儿子结婚了，她忙前忙后地操持着这场婚事，越忙越堵心。她的儿媳是外地人。结婚之前，她父母要来北京，婆家得给他们预订宾馆，还不能太差。在北京办一场婚礼，还得到女方家再办一次。老两口儿不想再跟去，但却商量不通。而之前为提亲，他们已经去过一次。公婆都已退休，退休金有限，儿子的婚事，整个儿一撒钱的过程。

现在儿媳怀孕了，姥姥要来照顾月子，直嫌儿子的房子小。北京城的房子多少钱一平方米？那房还是婆婆单位分的。在城里有房就不错了，娘家也没条件给买房，有挑剔的资格吗？！

这两个亲家真是无法相处到一块儿。过年了，小两口儿都是独生子女，想两家凑在一起，大家一起过节更热闹。但是毕竟两家隔得太远了，生活习惯又完全不同，很难彼此接受。但小夫妻两个都舍不得丢下自己的父母单独过，于是卡在中间难做人！

奶奶讨厌姥姥一边带孩子，一边说不想带。有时候忍不住说几句，姥姥就记仇了，不理奶奶。姥姥病了，奶奶只是接过孩子，对姥姥并不过问。儿媳为了缓和关系，对两位老人的抱怨都忍了。可是她自己娘家妈也并不好应付，没事儿老是提起来就一肚子气，做女儿的一个劲儿地哄。婆婆觉得房和车都是婆家置办的，可是这亲家怎么这么不懂事？！

每个人考虑问题的角度不同，但都有构建亲密关系的心理需求。假如能不那么别扭，构建起一种亲密关系，会让每个人更好地发挥自己。**幸福感是一种衡量生活质量的心理指标，是一种良好的感觉，如生命中有和谐、满意、喜悦、振奋、乐观、自信等，就会使人生活在一种好的生存状态之中。**如果一个家庭，亲人之间关系融洽，会产生混合着喜悦、力量和成就的幸福感，充分体验生活的美好。反之，会让人难受、不快、百病丛生。

良好的关系能使人愉悦，给人带去活力和健康。人需要归属感，家是能让人找到这种感觉的地方，即使不够完美。但是，**建立良好关系的前提是不攀比，珍惜自己已有的，过好自家的日子。**虽然两边父母总觉得自己是为子女好，但是也得尊重和相信小两口儿所做的选择，他们的价值观不太可能跟父母完全一致。两家不要相互攀比，当然也包括不和别人家比，不和别人的子女比。要想相处好，每一个家庭成员的牺牲奉献是不可或缺的。有了宽容之心，才能让自己活得舒服，也让别人舒服。如果珍惜儿女的结缘，就得设法处理好与亲家的关系。

情商高的人在发生冲突时，更有可能尝试合作；消极的人则不会避免冲突，反而令冲突更易升级。调整自己的心态尤为重要。一旦与亲家关系搞僵，就需要调整。得使对方相信，你确实有修复的意愿。事后再相见，尽量不去提之前的不快或曾经发生过的家庭纠纷。让对方也做好沟通的心理准备。

好的沟通，需要“一听二说”。对她表现出真诚的关注，听她讲些什么，并且对其内容感兴趣，表现出的是重视你们之间的情感，表示你在意她。与亲家聊天，听听她想说些什么。通过沟通能帮助重建彼此的信任，与她交流她感兴趣的话题很重要，分享秘密也有助于得到她的信任。让她觉得舒适和放松，互相尊重。用你的方式取得她的信任，并且让她变得喜欢你。尝试着找到共同点，也是一个好办法，可以取得对方的信任，由此作为切入点来增加亲家之间的互动。

即便表面上看，你们之间没有太多的共同点。但是，只要一直与她保持联系，不时关切地询问一些关于她的问题，你慢慢会找到你们之间的共同点。一起做些感兴趣的事情，花些时间待在一起，不仅仅能帮助家人之间建立亲情，也可以由此建立彼此间的信任。你不需要接受亲家提出的所有建议，她也不需要和你一样有相同的爱好。但是除了家庭活动以外，在一起度过更多的时间，确实可能增进感情。具体有几点建议：

◎ **不要针尖对麦芒。**多给对方说话的机会，多为对方着想，以避免发生不必要的冲突。凡事想开点，不斤斤计较，不贪小便宜，更不钩心斗角，心胸开阔一点。乐于感恩的人活得轻松愉快。

◎ **制造些戏剧化的效果。**在玩笑中往往会让很多矛盾灰飞烟灭。

◎ **自己尽可能多承担些责任和义务。**多为家庭做一些贡献，少为自己考虑一些。

幸福的家庭不是没有问题的家庭，而是善于解决问题的家庭。

手足之间

手足之情是父母赐予的一份财富，但兄妹情谊从来就不是打娘胎里就带来的，而是彼此相处处出来的。东方文化，个人与家族的联系更为紧密，中国兄弟姐妹之间的往来也更为密切。血缘关系虽说是天生的，可这世上反目成仇、老死不相往来的兄弟姐妹也不少。

人的心理感觉是否良好是影响生活质量的重要因素，未必要多高的物质享受，才能保证生活质量。感觉愉快，与家人保持良好的互动，并因之而带来日常生活与社会交往的满足，同样能让人感受到拥有高质量生活的快乐。一奶同胞未必一定会相亲相爱，如果自己不做努力，很可能收获不到手足之情。父母最多只能陪伴子女前半生，而相处好了，兄弟姐妹能够相互扶持一辈子。对于独生子女的父母而言，自己只有一个孩子，精神生活靠不了孩子。而恰恰这一代人本身有不少兄弟姐妹，若能彼此之间相处好，给自己以准确定位，既能有丰富的交流互动，又能增加生活乐趣，这在生命里显得尤为重要。然而，如果相处得不好，也会让自己颇为不快。

有一位女士最近就有些心烦意乱，被家里的事弄得焦头烂额。她是一名机关干部，刚从工作岗位上退下来。她抱怨道："现在不少家庭是低龄老年人在照顾高龄父母，如果再赶上家里兄弟姐妹中有人身体欠佳，会遇到许多难题。最大的难题是精力不足，非常影响情绪。我觉得自己辛劳多年，退了休，正好可以轻松一下，做些自己想做而以前没有时间做的事。比如出去旅游，放松一下。可是这样的想法现在简直就没法实现。"

首先，她得面对高龄的父母，他们都已经九十有余。家里给他们请着保姆，不必儿女每天照顾。兄妹几人一起侍奉父母，而妹妹住得离父母最近，看望最多。哥嫂又已年近七十，照顾父母心有余而力不足。但是，妹妹突然查出患有癌症，这下就全乱了。

妹妹一病，让他们全家都揪心。她的职业与医疗沾边，就急着给妹妹找好医院、找好医生，可是外甥不听姨妈的。自己忙前忙后，还落埋怨。父母一个劲儿地添乱，不是今天生病，就是明天要做什么什么。妹妹生病之后，要手术、要化疗，不能常去看望他们了。他们就一个劲儿地打听，告诉一点儿，问另一点儿。到哪儿看，怎么治，没有不插嘴的。若不让他们管，当下就翻车。真是按下葫芦起了瓢。刚安抚好老人，妹妹那儿又出状况。她找的医院妹妹不去；找"二把刀"医生，治疗方案不佳；她懂医，又不能视而不见。这时她有想把二老送进老年公寓的冲动，可是做不到。一是老年人的观念不开窍，他们就在家里待着，哪儿都不去；二是条件好些的老年公寓收费价格不菲，条件差的又不忍让他们去住。

她一个人单身过了多年，把父母家视为自己的家。这么忙前忙后，又照顾父母，又给妹妹调换花样做吃食，还当她们全家的后勤，又急又累，还不被认可。她简直快崩溃了。

人在又累又气的情况下，免疫力会下降，调整心情是当务之急。**兄弟姐妹相处，有一个自我定位问题，如果彼此相处定位不准，边界不清，会招致心理失落。**妹妹病倒，全家揪心。出于姊妹情谊，急于为妹妹帮忙，找好病院、好医生，外甥还不采纳。对投入一腔心血的姐姐来说，委屈与郁闷是可以理解的。但是这时更需要调整自己的心态，不然她的身心健康也会出问题。把手足之情当成自己的寄托，全力以赴出力，自感是应尽之责；竭尽全力拿出的最佳方案，竟然被搁置，确实会令她又急、又累、又失落。

然而，她的确无权代替妹妹及她的家人做决定。妹妹不是家长可以操控的小孩子，她自己有决定权，无论懂不懂医。到哪里看病、采纳什么治疗方案，当姐姐的只能建议，无权替她决定。至于外甥否定姨妈的意见，这也很正常。因为视角与知识结构不同。即便是自己的孩子，也不一定能采纳父母的意见。每个成年人都会有自己的主张，未必听得进别人的意见，何况两代人看问题的角度、方式都不一样。

觉得自己如此付出，就认为冲着对姨妈的感恩之心，外甥也该采纳自己的意见。这是自我定位不准，不要因为自己付出了很多，就觉得外甥应该知恩图报。其实这时候他的心情也很乱，也希望用最好的方式来治愈自己的母亲。他也没拿姨妈当外人，忽略了及时表达谢意，心安理得地接受姨妈的付出。姨妈也只能给予理解，得允许妹妹及外甥听不进自己的忠告，别太在意自己的付出是否被肯定。因为被忽视，心里就失落，这是焦虑之下，太想拿主意了，是自己与他人关系边界不清，才造成心情欠佳。这种误区，得不偿失。兄弟姐妹之间能做的仅仅只有建议与帮助，得明白自己没有决定权，无论何时边界意识都不能少。

抱怨和沮丧解决不了问题，情绪不好，自己反而容易生病。希望依靠自己的常识、人脉来解决家中难题，不能如愿，便心中焦虑，这种处理并不理智。其实每个人的能力都有限，尽全力，也未必有多大的回天之力。无论如何，出多大的力都只可量力而行，把握自己的心态平衡。

亲情在不同的时代，有其变化过程。在物资匮乏的年代，一人有事，全家出动，倾其所有，在所不惜。有时甚至连大家族叔伯亲戚都是出钱出力。虽然其中有几分无奈，但这份亲情是暖暖的。当温饱解决，生活富裕了，人的欲望就膨胀了，多了攀比，多了占有欲，功利心使亲情渐渐变淡。以个人为中心的消费心理，让欲望挤占了亲情。核心家庭利益让兄弟姐妹不易再拧成一股绳，各有算计。多子女家庭，谁来照顾父母，各自出多少力，拿出多少钱，这些都极易发生纠纷。这些事很容易在兄弟姐妹之间闹出矛盾。

有一家人，老母亲的身份证、存折在小女儿处保管，她的孩子在姥姥不知情的情况下，擅自取走5万元，并转存在他人名下。老母亲告诉了大女儿。大女儿去追问，小女儿还不承认自己儿子取走了老母亲的钱。全家都非常不快。

还有一家，两口子结婚十年了，有个可爱的孩子。妻子最近向丈夫提出，如果由他们来赡养婆婆，要求把公婆的房子过户给他们，不接受兄弟姐妹平分遗产。她说谁赡养谁就继承，另外几个兄弟姐妹不同意。为了此事，夫妻之间闹得很不愉快。

手足之情，是其他人际关系所替代不了的亲情关系，也是割舍不断的一种血缘关系，破坏还是维系这层关系，对人的影响很大。在亲人之间斤斤计较，把好处都往自己家捞，自以为聪明，做人不吃亏，就会变得没有人情味了。兄弟姐妹之间斤斤计较，得不到多少，失去的却很多。撕破脸，弃公平于不顾，就不会再有以前兄弟和睦时的开心快乐！因为开始计较，心里自然不会感觉到平静，心态便会失衡。

成年后的兄弟姐妹都有各自的思维定式，处理问题也有自己的考虑。可能会争夺父母的遗产，也可能因此对簿公堂。到这个地步，就由法律来裁定公平。平时不必过于斤斤计较，相互推诿，彼此争夺，对自己没有什么好处，反而会影响身体健康。不必为蝇头小利伤害手足之情，彼此间伤了感情，那是金钱换不回的。

在你遇到困难的时候，其实最可能无私帮助你的是父母和兄弟姐妹，其中兄弟姐妹陪伴你的时间最长，从小到老，都一直相互依靠。兄弟姐妹之间本可以有友情和互相信任、理解，是一笔无形资产，只要用心去感受就会觉得温暖。如何才能处理好彼此间的关系呢？

◎ **明确兄弟姐妹赡养老人的义务是平等的。**首先，赡养是广义的概念，要负责照顾老人的生活起居，所有费用由子女分担。其次，亲兄弟，明算账。不要相互拆借，因为一旦还不上，就会出现裂痕。只能彼此力所能及的帮忙。

◎ **兄弟姐妹之间得经常互相沟通。**不论什么都彼此商量，彼此谅解是家庭稳定的重要条件。各自角度不同，矛盾在所难免，必须要以相互妥协作为前提条件，这样可以给下一代奠定基础，并做出榜样。

◎ **兄弟姐妹常聚会可以增进感情。**应该经常互相走动，在工作、学习、生活上相互支持、鼓励，有了困难能帮则帮。最好是以老人为中心经常聚会，这样既让老人得到快乐，也能感受到亲情的温暖，并传递给下一代。

第六章

Part Six

养儿能防老吗

人老了之后，很可能要经历一段痛苦无望，不能自理或半自理的阶段，需要接受别人的照顾才能生存下去。谁来为你养老？要么是你的伴侣或孩子，要么是去社会提供的养老机构。如果老伴儿和子女都不在身边了，一个人生活，如何安排自己的养老？这些问题对每个老年人来说都是考验。

空巢一族

空巢老人，一般是指子女离家后的老年人。随着社会老龄化程度的加深，空巢老人越来越多，而且越来越低龄化。据民政部的统计，目前中国城乡空巢家庭超过50%，部分大中城市达到70%。这已经成为一个不容忽视的社会现象。如何度过自己的晚年，自己要想好，靠不上儿女。

城市空巢老人是指在城市，身边没有子女一起生活的老年人。子女由于学习、工作、结婚等原因离家后，独守“空巢”的中老年夫妇有可能因之而出现的心理失调症状，被称为家庭“空巢综合征”，其症状往往表现为郁闷、沮丧、孤寂、食欲不振、睡眠失调、情绪不高、长吁短叹，有时也会责备子女只顾自己，让父母独守“空巢”。

有一位年近七十的大姐，住在吉林，老伴儿在十多年前就过世了。她现在常常感到很郁闷。一个人住在没有电梯的六楼，腿脚不好，不大容易出门。她本来朋友就不多，觉得很孤独。她有一个女儿在广州工作，外孙已上大学。女儿不愿意和母亲一道生活，觉得自己和母亲的个性都太强，一起生活会不舒服。

如果现在让她住到一家条件好一点儿的老年公寓，又不动自己的住房，就需要女儿给予贴补。而女儿离异了，外孙在读书，女儿无力补贴她。可如果卖掉房子，万一自己在老年公寓住不惯，就没有退路了。她也不愿把房子租出去，一是很折腾，再者真要想再回来也并不那么容易。女儿家不能待，到一个舒适些的老年公寓，经济上又有缺口。而自己越来越老了，越来越力不从心，她想想就很沮丧，不知如何是好。

由于家庭小型化，越来越难以胜任为老人养老的功能。中国除了独生子女家庭奖励政策外，其他方面的支持政策尚不完善。

当然，这也与父母是否从小就培养了独生子女的感恩之心有关。感恩是一种习得性的能力，也是一种美德。**学会感恩是为人父母教给孩子的必修课。**如果一个人缺乏感恩之心，就不会对自己的现状心存感激，父母也享受不到反哺之爱。并不是要孩子多么孝顺，而是要他们爱父母。父母需要把自己的辛苦和付出展现给孩子，最初的感恩，更多的是渗透给孩子一种关心、呵护，对长辈尊重等感情。孩子的这种情感，是从日常生活中，从观察父母对长辈、亲友、家人的态度和行为中学习与感受到的。在这种氛围中，孩子耳濡目染，渐渐接受这种最基本的礼仪，学会向父母道谢，将感恩内化于人格之中，对父母自然地生发出回报之心。没有这种培养，孩子会因性格缺陷而无法很好地融入社会。**双向的爱才是健康的。**

有这么一对再婚夫妇，本来他们是两个单身的空巢老人，是各自的儿女把他们撮合到一起的。老先生有七十多岁了，是个退役的军官，腰板笔挺。老伴儿三年前过世了。老伴儿过世后的第一个春节，女儿一家特地从海南到北京陪他过春节。第二年，是他独自在家过的年。他不愿意独自一人在偌大的空屋中守岁过年，更不想每天傍晚独自在家，一人准备晚餐、自斟自饮。他感到一种失落、无奈和空虚。

他对女儿说，一个家只有女人不行，单独一个男人更不行。有女人的家，男人会感到踏实、温馨和舒服；同理，有男人在家里，女人才会觉得有安全感。女儿明白父亲的心愿，她不反对老父亲再找一个伴儿，那样的话，日常生活就可以彼此照顾了。

女儿的一个朋友恰好父亲过世了。这个朋友的母亲是一位医生，儿子一家不和母亲生活在一个城市。这两个儿女做主，约着两家一道外出旅游。两位老人情趣接近，脾气投缘，真就来了一场“黄昏恋”。有了新伴侣，从“独居”变回精彩的二人世界。

这样的机缘巧合是难得的，靠一定的运气，也不乏这对老夫妻自身条件优越和儿女的理解、支持。这样的巧遇并不多见。

有的老人心情欠佳，甚至已达心理疾患的程度，需要看心理医生，并辅以药物治疗。现在针对老人的电视节目少、健身娱乐活动不足，导致老人的精神生活贫乏。再加上空巢老人社会活动减少、子女关心不足，很容易情绪低落。

空巢现象是个社会问题，需要健全和完善的社会支持系统。心理学家指出，这其中包括物质层面的，比如年老体弱无人赡养、就医困难等；

还包括精神层面的，孤独寂寞、对儿女的思念，让老人缺乏精神慰藉。国外有义工制度，义工定期看望老人，陪老人聊天，这个办法值得借鉴。空巢家庭的老人自己能做些什么以避免“空巢综合征”呢？

◎ **有意识减轻对子女的心理依恋。**要尽早将家庭关系的重心由纵向的两代人关系，转向横向的夫妻关系。适当减少对子女的感情投入，降低对子女回报的期望值。

◎ **从心态上摆脱传统观念的影响，养儿不是用来防老的。**孩子是独立的个体，不是父母的私有财产。养儿为的是送一个美丽的生命到这个世界，有机会与他同行一段；为了付出与欣赏。孩子的人生要让他自己做主，要尝试建立新型的家庭关系。

◎ **老人要及时地充实新的生活内容，尽快找到新的替代角色。**比如，调整生活方式，培养自己的兴趣爱好，建立新的人际关系，参与各种社会活动。

儿女也应该在情感和心理上多体贴父母，即使“离巢”，也要加强与父母的联系，尽可能增加往来的次数，以避免父母“空巢综合征”的发生。如果和父母住在同一城市，两代人居住的距离尽量不要离得太远。异地居住更要注重对父母的精神赡养，常与父母通过网络进行交流，抚慰父母的思念和惦记。

当孩子远离父母

在过去十年间，中国的移民人数大幅飙升。据《国际人才蓝皮书——中国国际移民报告》，中国海外移民已达1000万人，成为全球第四大移民输出国和美国第二大移民来源地。中国的迁出移民中，留学生构成了重要一部分。然而，不少年轻人出去之后，因各种原因留在了海外，父母则成了留守国内的空巢老人。

在孩子成长的一二十年里，父母几乎全部身心精力被孩子所占据。但对一些放儿女到国外留学的父母来说，当孩子“飞”走了，一切来得那么突然，家一下子变得冷清起来，以为不必把重心放在孩子身上，可以轻松自在些的家长，突然发现，孩子走后，自己远没有想象中的那般自由快乐。

有位女士自从女儿出国上学后，十几年间，思念只能靠手机、网络来传递。人说女儿是妈妈贴心的小棉袄，而她女儿却是网络上的“小棉袄”，看得见，摸不着。女儿刚刚出去，她就要求自己马上把注意力从女儿身上挪开，可这实在难以做到。然而，母亲帮不上忙的过度远眺，让女儿觉得不胜烦扰。没有足够的共鸣，缺乏默契和理解，让母爱的温度下降，渐渐地联络变成了她单向的期待、期盼。

有一年，祸从天降，她过马路时，突然被一辆汽车给撞了，一下子昏过去40多分钟。她被警察送进了医院。没人照顾，只好请了两个护工，日夜倒班护理她。祸不单行，她刚出院不久，还架着拐，丈夫又突发心绞痛。她没办法，只好打电话叫来了120救护车。车到了，救护人员问：“你们家人呢？怎么就你跟着？”她说：“孩子不在这里。”还好，有惊无险地闯过了这一关。“小棉袄”不能随时随地着身的感觉给她的印象太深了。

而如果到国外去陪女儿，让她感觉最无助的是自己能力不够，已经拼不上去了。在陌生的异国他乡，她不懂行为规范，语言又不通，也没有等着她去完成的工作；没有熟人、朋友，只是一味地吃饱饭混天黑。她弄不清究竟那里是囚牢，还是温暖的家？无形的、无处不在的文化差异，让她心中泛出种种的不适。

在国外，让她明白了自己和女儿分属两个独立家庭。像过多打扰朋友是不懂事一样，自己太多搅扰到女儿的小家庭生活，也会令人尴尬、不快。她不可以再把女儿看作一家人了，然而，这种认定一时很难转过来，尽管她在有意识地不断调整。

她说服自己，真爱孩子就必须得体地退出。如果不退，是对女儿的不尊重，是让女儿为难、不快，她自己也不会快活。女儿生孩子，她没有过去伺候月子。虽然她的心一直系在女儿身上，她那么想知道女儿为什么要剖腹产，更不愿让女儿刚出产房就一杯冰水入肚；她心疼女儿刚刚生完孩子二十天就上班，有时在医院上夜班竟然要连上二十多个小时。女儿是外科医生，手术的长短不由她决定。但是，她不能坚持追问，自己的习惯不等于孩子的习惯，她只能尊重女儿的意愿和安排。

对于这位母亲而言，除了得体地退出，只剩下不知所措。如果直至不得已地退出，那就太尴尬不堪了。中国的姥姥姥爷也不能去做外国的爷爷奶奶不屑于做的事。无论母亲多爱女儿一家，多想有机会和可爱、漂亮的小外孙待在一起，她心里都明白，不能按自己的意愿和女儿一家常住。

老人真到了非靠法律来保障自己的权益那一步，或许心早已经碎了。不敢想象，如果夫妻两人只剩下一个人时，独自入住老年公寓，眼巴巴地看着其他老人的儿女送来各种好吃的水果、零食，而自己有钱无力购买时，会是个什么光景。但是小鹰大了，不能不允许它自由翱翔。每个个体都有自己的领空与领地，无论是谁都不可以冒犯。每当看到地铁里人家母女俩相拥、亲密地挤在一起说着悄悄话，每当除夕家家户户热热闹闹聚在一起吃饭，儿女远在海外的父母就会无比羡慕。然而，人不可求全。无论到多老，都必须做好独自面对生活的心理准备。

有一对老夫妻，两个人都七十多岁了，儿子、儿媳给办了澳大利亚的“绿卡”，说起来那里环境也不差，他们待在儿子身旁可以享受天伦之乐。但是，他们很想把“绿卡”退掉。二老不想做“出气筒”，不想总是有一种寄人篱下的感觉。孙女有二十好几了，毕业之后一直没有找到一份理想的稳定工作，男朋友交了一段时间也分手了，心情很抑郁。她心情不好，对爷爷奶奶态度很冷淡。孙女在家也总是冲妈妈发脾气。儿媳一不高兴，就嫌弃二老。结果老人反成了“出气筒”。弄得整天大气儿都不敢出，战战兢兢、小心翼翼，生怕大家关系搞僵不好办。他们觉得自己都一把年纪了，来日无多，有必要这么紧绷，活得像个受气的小媳妇吗？他们不想过这样的日子，不想继续待在澳大利亚了。

老人到了这把年纪了，不必为难自己，活得快乐比什么都重要。**从心理学角度看，人际交往中缺乏一定的距离，会令人不舒服。每个人都要求独占一定的人际空间。**人际交往得留有一定的调控空间，彼此间的心理距离很重要。彼此个性与习惯不同，差异不可避免，谁都需要有一定的独享空间。满足不了这一点，就会感到痛苦。因此，放弃在国外的生活，与儿子一家保持一定的距离，给各自一定的空间自由度，会多一份舒服和自在。

在二老身体好的情况之下，隔一段时间去澳大利亚小住一段，既解了思念之情，同时也不失为调剂。这样一来可以使彼此更加惦记，从而使关系更为融洽。两代人共存于一个封闭的空间，大家都会感到一定程度的压抑。其实，在国内生活也挺好。要让自己的晚景过得舒服一点，确实需要一定的物质条件，需要一个属于自己的家，如果没有的话，会很不舒服。好在现在网络发达，可以通过视频和儿子联络，以解思念。

对老人而言，切不可期盼太多。看到有人晚年子孙绕膝，家庭和睦温暖，就认为只有这样才过得幸福，对自己才是安慰，那就未免有些格局小了！能做的只有尊重和理解孩子。他们愿意和父母住在一起，大家能和谐相处，就值得珍惜与庆幸。住在一起，觉得压抑与不爽，分开也是对彼此必要的尊重。

如果老人心里还留着三世同堂、四世同堂的期盼，潜意识中认为后代理应孝敬长辈，不远万里，独自到异国他乡养老，和儿女在一起度过晚年，心情就不会好。突然远离熟悉的生活，又难以融入陌生的环境，这是自然的。加之人到晚年，各方面能力都在衰退，即便努力，步幅也有限。

生命的黄昏仅仅一段，在自己尚能自理时，设法过上有尊严的生活；假如自理不了，或交由儿女处理妥善，或提前自己想好措施，安排好日后的生活。该放弃的梦想就放弃，能得到的就珍惜。生命已经过半，不去为难自己。孩子确定生活在他乡，应该如何选择自己的养老呢？想好利弊，不可求全。

◎ **到了晚年，总有一人先走，剩下一人独自拿主意。**如果夫妻双方皆在，需好好协商，尽量达成共识。如果只剩一人，心中也一定要有主意。

◎ **不同家庭的选择各异，原则是两害相权取其轻。**如果感觉自己慢慢变得不能自理了，又不想凭运气，害怕万一遇上冷漠心烦的保姆，在斥责之下讨得恩赐式的照顾就太可怜了，可以更换一个。不舒服了的话，就选择和孩子靠近。如果到国外，扑面而来的是文化差异、语言壁垒、经济压力，以及种种说不出口的家庭纠纷，让人待着难受，就选择进老年公寓。现在各种老年公寓都有。不管如何选择，在条件范围内做出有利于自己的选择，一定程度上该迁就就迁就。

失独家庭的悲痛

失独家庭是指独生子女意外亡故的家庭。2012年，人口学专家、《大国空巢》作者易富贤根据人口普查数据推断，中国现有的2.18亿独生子女，会有1009万人已经或将在25岁之前离世。这意味着不用太久之后，中国将有1000万家庭变成失独家庭。绝大多数中国人是靠代际传承来实现自己的生命意义的，孩子寄托着自己的全部。必须明确一点，失独家庭不是问题家庭，任何人都不可以把他们标签化。

失独是一件非常痛苦的事。如果失独较早，有人很快就补生了孩子；失独较晚的，其子女已经生下了孙辈，还让老人有一些寄托。最痛苦的是失独前孩子没有留下子嗣的。大多数独生子女家庭虽然并未失独，但也会生活在失独的恐惧中，担心孩子万一出意外。

有一位母亲疯了一般地自责，因为她的宝贝女儿自杀了。她的女儿是个非常优秀的孩子，从小到大，几乎不用家长操心。女儿上学阶段，就读的一直是最好的小学、最好的中学，接受了优质的教育。她凭借国际大赛中取得的优异成绩，被保送进了名校，毕业之后又被美国常春藤学校录取。女儿成了不少家长嘴上的“别人家的孩子”。她们全家都为女儿感到骄傲，爷爷奶奶简直乐得合不上嘴。夫妻二人高高兴兴把女儿送到美国读书。可是做梦都想不到，有一天他们竟然接到学校的通知，女儿自杀身亡。

母亲从女儿的日记中得知，虽然她在国内成绩很好，却很难适应美国的学习环境，感到学习非常吃力。原来在国内是成绩顶尖的学生，但到了国外却跟不上学习进度了，这造成了她很大的心理压力。她到了美国，语言交流工具换了，生活方式、作息习惯都不同了，约定俗成的一切都变了。到了陌生的环境之中，由于没有做好充足的心理准备，在文化适应上花了很大工夫，影响了学业进程。首先，语言关就很难过。上课听不懂，课后需要花大量的时间听老师的录音。其次，也是最重要的，她已经习惯“标准化”的测试，到这里老师则鼓励个性化的解决方案和独立思考，这一点让她无所适从。许多美国同学不仅学习努力，还擅长体育、社交、公益，各个光芒四射。相比之下，自己唯一的优势是好成绩，如今不复存在了。她的心理支柱一下子坍塌了，整夜整夜地失眠，没多久精神就崩溃了。她不想辜负了家人和自己，那种事事不愿落于人后的心态，让她一下子从自信变成了自卑，从自我感觉良好变成了万念俱灰。她不想向别人诉说，实在无助，因此得了抑郁症，最终自杀了。

没有较高的情商和较好的心理素质是很难顺利度过过渡期的。在国外学习和生活，每个人都不可避免会碰到很多困难。能够坦诚和准确地表达自己，处理好人际关系，与老师、同学友好相处的学生，会更快建立自信心，这些都有助于孩子在异国他乡顺利地完成学习生活。

如果他们在家中被照顾得很好，一点儿风雨都没经受过，生活自理能力和应付复杂局面的能力明显不足。一下子背井离乡、远离父母亲人，置身于一个完全陌生的境地，生活和学习上的一个个难题接踵而至，内心是非常脆弱无助的。如果勉强留学，结局往往不尽如人意。要么初衷不能实现，要么导致孩子心态失衡。因为不了解国情，文化又有隔阂，他们与异国的同龄人没办法深入沟通，很难交到朋友。年龄、语言沟通能力、生存环境等都可能阻碍人迅速融入。文化本身是复杂的，适应异域环境并不容易。

出国之前接受一定的跨文化交流训练是必要的，尽可能在语言和心理上多做些准备。到了国外，最好能结交一些当地的朋友，在生活方式和行为规范上尽量入乡随俗。这些都是消除文化壁垒的有效手段。缺乏必要的准备，可能会遭到不同程度的打击。

女儿出了事之后，这位母亲后悔得要死。她觉得女儿从小被灌输了太多要强的意识，这些误导了她。比起健健康康，好好完成学业，有一份稳定的工作，平平安安过一辈子，成就、作为算得了什么?！她后悔当初怎么就没想法子能让孩子活得“皮实”点儿呢?

早在2007年，国家就出台了计划生育家庭特别扶助制度，对独生子女伤、病残或死亡后，未再生育或合法收养子女的夫妻，满49周岁后，按规定条件由政府给予每人每月一定额度的扶助金。之后又不断调高了扶助金标准。但是，无论如何也弥补不了亲情突然缺失的黑洞。

还有一个母亲是退休的小学老师，儿子29岁，在一家公司工作。儿子前年刚刚结婚，去年有了一个宝宝，本来一家生活得其乐融融。哪里想得到祸从天降，10个月前，儿子坐着单位的车外出办事，却出了车祸。司机命大，可坐在副驾驶座上的儿子却命丧九泉。

她真的无法接受这个事实，只有这么一个儿子，她不能相信儿子会先父母而去。母亲总是觉得儿子没有走，不过是出差了而已。她觉得自己眼泪都快哭干了，无法从悲伤之中走出来。

儿媳还年轻，怎么能让她一辈子守寡？可是他们夫妻也慢慢进入老境了，又如何当得起一个幼小生命的终身监护人?！但让儿媳带着孩子走，她无论如何不愿意。不要说孙子长得十分像他父亲，就算外表不重要，这也是她家唯一的骨血。如果再断了这层联系，她非得疯掉不可。

现在有个男人对她儿媳不错。她没好意思问他们是不是同居了。儿媳也没有提这事，她也不想问。但是她心里很放不下。这半年她吃不好，睡不好，睹物思人，儿子的影子总浮现在她眼前，真不知道该如何排遣！

有些事的发生是不可逆的，带给当事人的痛苦是永久性的，如亲人死亡等。面对这类事件，**能为自己做的最具建设性的事就是正视现实。**试着转移痛苦，把自己的能量用到有意义的、能使自己摆脱痛苦，并且有助于自己与家人的事情上。面对挫折尽快振作起来，平安度过这场危机。

从心理学角度讲，“应激”是指当某些事件或者环境刺激作用于人，使人感到紧张、有压力的心理反应和由此带来的一系列身体反应的过程。因此，应激是心理和生理的综合反应。经历亲人亡故等不幸事件带给自己巨大的、痛苦的、消极的心理感受，正是应激的心理反应。应激会使神经内分泌系统功能失调，免疫系统功能下降，让人疲劳、失眠、食欲降低等，会使疾病有了乘虚而入的机会。心理和生理的不良反应还会使人产生行为方面的障碍，如行为冲动、怪异等，从而影响家庭关系、人际交往。人如果长期面临应激，一些重大疾病如心肌梗死、糖尿病、白血病、癌症的发病率也会相应增加。

面对失独，能给出的建议是正视现实。案例中的母亲要调整自己的心态，接受目前的这个事实，给儿媳一定的自由。这样使自己的期望值与客观条件相符合，从根本上减少因自不量力而造成新的应激。试着学会放松，降低或消除焦虑，从而缓解应激所带来的身心不适感。爷爷奶奶在一道帮助带孙子的过程中，虽然会付出不少，但也能得到含饴弄孙之乐。这样既可以减缓丧子之痛，也是对儿媳一种强有力的支持。亲情与繁忙劳碌往往能够减轻应激的不良影响。

从失独家庭的现状来看，政府虽然在关注这个群体，却一直停留在对具体的经济政策做一些细枝末节的修改，始终难以完全解决失独家庭目前面临的多重困境。因而要想走出困境，还是要靠自身的调节。悲痛在所难免，但是沉溺其中却无济于事，得试着早日从悲痛中脱身，时间是最好的良药。白发人送黑发人是一件残酷的事，但是事情已经发生，还是尽最大努力安排好自己的生活。具体的做法可以尝试以下几种：

◎ **接纳别人，度过悲痛。**死亡已经无可避免，但是在事情发生之后，尽可能接纳别人进入自己的生活，不怯于展露自己的软弱和痛苦。加入那些曾经或新近和自己有着同样经历的人的社团，是个不错的开端。他们的经验、建议对于度过悲痛之后的低潮期，是非常有助的。不妨以“抱团取暖”的方式聚在一起面对未来的生活。

◎ **学会放手。** 面对自己所爱的人离世，通常死亡所引起的悲伤会伴随着内疚，这些情绪是让人无法忍受的。在事故之后，试着学会对自己放手，能够帮助减缓意外变化所引起的困惑、苦恼和痛苦，然后继续自己的生活。态度改变了，就能够激励自己活下去。

◎ **变得坚强。** 让自己坚强地好好活下去的努力可以是多方面的，不仅仅是饮食、锻炼，更重要的是好的心态、良好的人际关系、乐观的性格。笑是营养素，沟通是特效药，朋友是调节器；随遇而安，是大智慧！

面对高龄父母

> 相比较而言，中国人退休早。刚退下来，身体状况还不错，有精力做些自己想做的事。如果不必带第三代，正好可以安排自己的生活。但是随着中国人口老龄化的加剧，需要照顾的高龄老人越来越多，很多家庭照顾高龄老人的重任落到低龄老人身上。

长期以来，很多中国老人心理期待的理想状态是晚年和儿女在一起生活。不少老人到了晚年，处于失能与半失能状态，生活不太能自理，需要靠别人的照顾才能生存。高龄老人忙忙碌碌走过一生，老来希望儿女对待他们能多一些耐心，少一些烦躁。虽然对子女而言，照顾自己高龄年迈的父母是应该承担的责任，但当父母生活实在不能自理，还不时犯糊涂，并不那么讲道理时，照顾者自己的年纪也在日渐增长，若加之身体有所不适，便会让照顾者感到“以老助老”，力不从心。

有位年近七旬的王大妈，照顾九十多岁的老母亲已快十年了。九年前，母亲因为中风，生活无法自理，还没到退休年龄的王大妈提前办了内退，承担起了照顾母亲的重任。她天天陪着母亲，给她喂饭、洗澡。每天把老人的饭菜做得软糯可口。

王大妈和母亲住在一起，不能回自己的家，但是和母亲几乎没有什么交流。每天如果闲下来，王大妈不是看看电视，就是坐着玩手机。她觉得日子过得很沉闷。有一次母亲主动跟她说，陪我聊聊吧。她愕然地答道，聊什么呢？都是些陈芝麻烂谷子的事。为了照顾老人，她基本上停掉了自己的社交活动。一开始，同学聚会还叫她，她没时间参加，后来也就没人再联系她了。她甚至很少参加楼下的社区活动，她觉得自己快与世隔绝了。王大妈年轻时就爱旅游，最大的愿望是游遍名山大川，但现在家里有老人要照顾，实在走不开。为了照顾母亲，王大妈已经有快十年没离开过这座城市了。

王大妈最怕的事是母亲常常不讲道理，想事、说话越来越像小孩儿，动不动就抱怨，挑剔这，挑剔那。她不想因为一点儿琐事就和母亲闹别扭，但很少有子女能够成为老爸老妈的“父母”。自己如此付出，母亲还这么不满意，那么不满意，她被母亲气哭过好几次。有一次她感冒了，怕母亲被传染，便联系她弟弟，让把母亲接去小住几天。母亲去了没两天就要回来，说住不惯别人家，还是要和王大妈在一起。

有一天夜里，母亲突然犯病，王大妈叫了救护车把母亲送到医院，办完手续已经凌晨两点多了。刚入院的那几天，王大妈基本没合过眼，直到母亲病情稳定，她心里的一块石头才落地了。虽说熬了几天几夜，她总算撑了过来。但毕竟年纪大了，身体渐渐走下坡路，让她觉得照顾母亲实在有些力不从心。

王大妈和弟弟商量，想把母亲送到养老院，找个条件好的，费用大家平摊。但母亲不同意，她说自己有儿有女，不去养老院。王大妈也担心母亲无法适应养老院的环境，她又累、又急、又无奈。长期照顾失能的母亲，自己的身体都快顶不住了。

照顾高龄老人，需要耐心、细心。**如果照顾者感觉压力过大，承受不了，身心也开始出现不适症状，不妨找个人帮忙，或向专业人员求助，尝试以各种方法纾解负面情绪。**现代社会的养老机构多了起来，有不少社会组织与志愿者可以提供种种社会服务。比如，网上养老院也已经出现。有人突然发病要住院，情急下试着在网上发了陪护需求，刚发布完，电话铃就响了，不到半小时，陪护的师傅就到了医院。因此，万一照顾父母力不从心了，只要会上网，能用手机软件，就可以找来能提供服务的人。利用平台技术，为高龄老人提供服务的网络支持平台只会逐渐增多，但一般需要付费。

照顾高龄老人不但要安排好他们的饮食起居，还得设法降低自己对父母配合的心理期待，同时也帮父母走出他们希望得到儿女周全照应的心理误区。自己不能自理，就别希望别人的照顾会事事遂心。和父母商量一下能否接受保姆照顾，如果不愿意，就别坚持居家养老。告诉父母，照顾他们，自己已经开始力不从心。让父母在多种养老方式之中，选择一种自己和儿女都能接受的方式。

有一位刚退休的大姐，最近心情很不好，主要是因为照顾婆婆的事。婆婆已经八十多了，公公早年就过世了，她一个人住。婆婆是个利索人，做饭、做家务、织毛活，样样拿得起来。大姐心里明白，从她一过门，婆婆就没看上过她，嫌她什么家务都干得不好，连洗菜、择菜都不令她满意，因此她们一直没在一起生活。

随着婆婆年事渐高，大姐和先生给婆婆请了小时工，帮助婆婆搞卫生。请一个，她打发一个，觉得各个不如她自己干得好。婆婆只有自己动手了。

最近，她总是怀疑有人拿了她的东西。一会儿觉得她的工资卡被孙女拿去了，一会儿邮票被儿媳拿了，一会儿酒又被人打开喝过了。一天早上，还不到6点，电话铃就响了，婆婆一张嘴就是："邮票你拿了就拿了，总得打一声招呼。"大姐一听就火了："我什么时候拿您的邮票了！"她气得血压升高，手冰凉。吃了双份的降压药后，她到婆婆那里，甚至打了110。警察来了，让家人帮助老人好好找一找。

他们走后，大姐帮婆婆把几包邮票找了出来，婆婆又怀疑大姐更换了其中贵重的邮票。

一直到婆婆总是忘记事，几分钟前问完的事，几分钟后又反复问，大姐和先生才意识到老太太可能脑子出了问题。千方百计哄着她到医院检查，一查便确诊为阿尔茨海默症。大姐发愁的是，这往后可怎么办？再让婆婆一个人单独住，已经不可能；把她接到自己家，她又十分不愿意；请保姆吧，婆婆今天怀疑这个，明天怀疑那个，哪个保姆能顶得住？！到那时再闹得鸡犬不宁，她不敢想象。她觉得左右为难。

据国外报道，阿尔茨海默症的患病率占老年人口的4.6%。百度百科公布，目前中国阿尔茨海默症的患病率已随着年龄的升高呈显著增长趋势：75岁以上达8.26%，80岁以上高达11.4%；阿尔茨海默症的患者中女性多于男性，60 岁以上女性患者是男性的两三倍；已成为继心脏病、肿瘤、中风之后的第四大杀手，不但危害老人的健康，同时也给家庭、社会带来很大负担。

目前，对阿尔茨海默症无特效药物，做好调理工作十分重要。有些病人有心理障碍，由于记忆力减退，不知道东西放在何处；总怀疑有人偷他的东西，这是非常典型的症状。即便家里人被老人怀疑，对老人说话也要慢慢说。要说清楚，千万不要动情绪，导致老人病情恶化。照顾这样的老人的人本身也有一个心理保健问题，确实不能再和老人“丁是丁，卯是卯”地争辩是非。得将老人按一个病人来对待，不能让老人单独生活。**接过来与老人同住，需用有足够的心理准备。**得了病之后，老人的人格和行为会发生改变，变得自私、狭隘、对人冷酷；注意力涣散或变得急躁、多疑、顽固、易怒和冲动。老人的日常生活能力会下降，不认识家人；有的还产生幻听幻觉，可能给家里人带来不少烦恼。这是病症引起的，需要家人体谅。

在照顾好年老父母的同时，也照顾好自己，照顾好老伴儿。一切尽力而为便是。老人的合理要求尽量满足；做不到的，不必过于愧疚，不必勉力而行，否则两败俱伤。尽力做了，就心安了，不要过于为难自己。低龄老人在照顾高龄父母的过程中有几点应该注意：

◎ **一定得先照顾好自己。**让自己有个好心情，在力所能及的情况下再帮助家人。人又急、又累、又生气，免疫力会下降。一旦自己身体出了状况，便无暇顾及老人了。自己的丈夫、孩子还得跟着着急。所以一定要先照顾好自己，别和父母计较，调整心情，再帮助父母。

◎ **为父母提供精神慰藉和心灵呵护。**许多重症、高龄老人感到生活力不从心、没有希望、没有热情，与孤独寂寞相伴，对死亡倍感恐惧无助。如果精神慰藉跟不上，即使照顾得再好，老人也会感觉到晚年生活质量不高，多有怨气。通过精神、心理和身体上的护理，让父母接受和应对即将到来的大限；让老人讲述他最重要的人生经验、人生阅历，把这些留给后人，他也会觉得自己有价值。用这种方式帮助老人在安然、祥和的状态中走完人生最后的路程。

◎学会利用平台技术来寻求社会服务，以满足父母及自己的需要。现在网络发达了，比如只要有需求就可以下载助老手机软件进行求助，网上养老院也已经在大城市出现。将来，为特困、空巢、独居老人提供服务的网络平台也会越来越多，重要的是得学会搜索，学会使用。

第七章

Part Seven

黄昏时的新朋旧友

朋友能够有效地缓解孤独，提升人的社会支持度和幸福感。朋友的意义对于老年人更为重要。人老了，会更多地预感到生命的有限，为了缓解这种担忧，需要去寻找尽可能多的社会支持，而朋友就成了社会支持中最为重要的力量来源。老年人朋友越多，其主观幸福感也就越强，抑郁情绪和孤独感也会越低。

同居的老年生活

“搭伴养老”又叫“同居式养老”，是指一些单身或丧偶的老人，因生活态度相似，志趣相投而自愿组合在一起，过起同居的老年生活。无论多大年纪，人都需要亲密关系。而现在结婚成家的人数呈下降趋势，加之离婚、丧偶，约有一半适婚人群不在婚姻状态。有些情投意合的人选择了同居，而这种方式会面临很多不确定性，遭遇各种的冲突，极易生变。同居时间越长，对婚姻的热情越低。

出门一把锁，回屋一盏灯，这是许多单身、丧偶、离异老人的生活状态。他们中的不少人希望在有生之年能找一个知冷知热的老伴儿，彼此有个照应，陪自己走完最后的人生。然而，由于社会偏见、子女干涉、财产分割等可能出现的纠纷等原因，很多老人不敢轻言再婚，而是选择了时下在年轻人中很流行的同居方式。

有一位张大妈，老伴儿去世有好几年了，她爱好京剧，经常在公园里和一帮“票友”练练嗓子，一来二去，和李大爷两人互生好感。李大爷也是丧偶，两个人想确定关系。但是张大妈老伴儿去世时给她和儿子留下了一笔财产，子女和亲友都不太同意她和李大爷登记结婚。尽管她想在结婚前做财产公证，婚前财产归自己的儿子继承。可是，儿子还是认为不保险，亲友也认为这个新老伴儿是冲着钱来的。无奈之下，张大妈只好选择同居这种方式。选择同居，张大妈心里不太舒服，可儿子觉得反正同居不受法律保护，李大爷不会给自己造成什么威胁。

大多数想要再婚的老人都无法顺利通过子女这道“坎儿”。因为一旦选择再婚，总要涉及钱物、住房等财产继承问题，不少子女认为凭空多出一个“爹”或“妈”来，心里无法接受。为了阻止父母再婚，有的子女采取盯梢、谩骂、哭闹等手段加以阻挠，甚至藏起了老人的户口本和身份证。为了照顾孩子情绪，打消他们的顾虑，又能了却自己的心愿，同居就成为一种现实的无奈选择。

有些子女害怕财产流失，坚决反对父母再婚。为防止老人再婚，人为设置了很多障碍。其实如果做好婚前财产公证，可以避免这类问题。

老人再婚稳定性较差，这也是老人选择同居的一个重要原因。这种同居不同于事实婚姻，更像是一种男女朋友关系，“合则过，不合就分”，这种同居方式背后更多的是对现实的一种妥协和让步。

王大姐在知青聚会中认识了现在的老伴儿。他妻子几年前因患癌症过世了，女儿在国外。他自己选择留在国内养老，一直没有再婚。他们都插过队，有共同的经历。两人交流起来很投缘，他们之间不必多说什么，相互一个眼神就能心领神会。王大姐说："不知道是什么拨动了我的心，让我总想和他在一起。其实我早过了浪漫的年龄。一个人太孤单了，有个搭伴的，说说话、聊聊天挺好的。碰到谁头疼脑热，还能互相有个照应。去年我脑中风，要不是他及时叫来救护车，估计我都活不到现在。"

为了避免经济纠纷，他们决定还是同居。各自都有工资，经济上采取AA制，搭伙过日子。在一起只是为搀扶依偎、互助养老，觉得没必要再走法律程序。住在一起后，他们一起爬山，一起远足，一起上老年大学，还一起出国旅游，日子过得很充实。虽然没有给对方一个合法的名分，但是也不觉得委屈。重要的是，两人最终还是在一起生活，做自己想做的事，相互照应，共度余生。

有人觉得未婚同居灵活自由，万一双方厌倦了，分开比较简单，但是未婚同居不受法律保护。根据《婚姻法司法解释一》第五条：1994年2月1日民政部《婚姻登记管理条例》公布实施以前，男女双方已经符合结婚实质条件的，按事实婚姻处理。这之后的事实婚姻是没有法律效力的。如果一方的权利受到损害，是无法借助法律保障自己权益的。因而，选择未婚同居，应当特别慎重。

如今，人们多了许多国际交往的机会，异国之恋就变得稀松平常，甚至包括一些上了年纪的人。

有一位单身母亲自己一个人带大了孩子，现在女儿已经到北欧留学。就在她去探望女儿期间的一个派对上，认识了一个名叫杰克的挪威人，他是一家公司的工程师，是个单身汉。这个单身母亲能说一点儿英语，可以和杰克做些简单的交流。杰克非常主动，两个人常常靠翻译软件交流，时间长了便开始了交往。

接触不久，杰克就告诉她，他喜欢她，但是他不打算结婚。他说，如果她愿意在北欧生活，可以住到他那里。他尊重她的任何决定。这件事母亲没有瞒着女儿。女儿说母亲已经把自己养大成人，现在她想做什么事，都可以理解。母亲的心里有点儿乱，有些取舍不定。她欣赏杰克的坦诚，他没有让她抱不切实际的幻想；他尊重女性，细致地关注她的愿望与禁忌，一点儿大男子主义都没有；无论是他的幽默，还是他的博学，都让她很为欣赏。应该说，她有点儿爱上他了，但是她不知道应不应该继续这份异国之恋。

她和杰克在一起很舒服。他们一起滑雪、旅游、参观展览，他总是不断地制造出惊喜，从不勉强她做任何不想做的事情。她很希望他们最终能结婚。可是，杰克已经明确说了，他不想结婚；而她觉得自己已经不年轻了，做什么都得对自己负责、对女儿负责。然而，让她放弃这种无果的交往，她又割舍不下。她心里十分矛盾，不知道究竟应该怎么办。

这位女士的纠结有一定道理。在中国，中老年女性再婚不易是事实。而她和杰克在一起，没打算建立经济共同体、没计划一起安度余生，仅仅以快乐为准，希望两个人在一起能增加生命的乐趣，以提高生命质量为原则。那么这一段时间的长短也只能以她自己的需要来决定。女儿何时毕业，毕业之后怎么安排，女儿如果结婚生子，是否需要来自母亲的帮助，这位女士自己退休之后还有没有什么其他的计划安排，这些都是需要加以考虑的事。人无远虑，必有近忧。

这种不以结婚为目的的异国之恋要不要继续？身在异国他乡有不适应之处是一定的。别说文化、生活背景不同，就算一致，也得彼此磨合。

婚姻是一种相互扶持，是在对方的世界里，彼此做留有底线的迎合。如果没有婚姻，又失去了迎合的姿态，那就只剩孤独无依了。关于彼此的未来，可以开诚布公地谈谈。如果男方不能为女方提供在异国他乡养老的可能性，也从来没想过到中国养老，那分手就是早晚的事。一起找乐能维持多长时间，还是应以自己的需要和愿望为准。

在这个过程之中不放弃学习与尝试，就算是学会烹制一道美味佳肴，多结识一个有意思的朋友，也是生命中的一点儿收获。**按自己的意愿，做各种可能的尝试，比苍白的生活有趣，但别做不切实际的努力。**始终保持与孩子的良好沟通与交流，听得进下一代人的建议。让生活进入良性互动之中，这样才比较妥当。如何过得开心才是最应该考虑的事。

把生命看作一个不断丰富自己与不断试错的过程，保持一定的警惕与观察是必要的。需要注意的是，在异国之恋的汪洋之中，不是没有骗子或心术不正之人。这样的事情不止一起。可别被爱意冲昏头脑，被骗钱、骗色，落到求告无门的窘境。有几点需要十分警惕：

◎ **信息的对等。**如果他从来不向你提及他的父母、儿女及其他家人，就应该特别警惕。留意观察他告诉你的信息真实与否。

◎ **圈子的融入。**如果他不肯让你进入他的朋友圈，你连他的生活场所、生存环境都从未能触碰，那就要问个为什么。

◎ **避免金钱纠纷。**无论他用什么借口向你借钱，要你的银行账号，你都一律说："不！"不用犹豫。

现在不少人很实际，两人相遇不乏种种算计。两个单身老人碰到一起，冷静得一塌糊涂，不易点燃激情。就算开始有些动情，能保持到结婚的少之又少，真能走到一起的，也算是难得的缘分。两个人同居，如果一方不想取得一份法律保障，那么另一方愿意交往多久？年纪慢慢变老，身体各种机能都逐渐衰退，如果那时相互不能给予很好的照顾，不想再在一起了，能否承受那时的失落？又将如何安排自己的晚景？至少有三方面应该想清楚：

◎ **是否愿意接受只恋不婚？**结婚的法律后果是确立双方的夫妻关系，并承担由此而产生的责任、权利、义务。不打算结婚，意味着不受法律约束，也就是说不准备负法律责任。

◎ **不妨把彼此在一起找乐儿的过程也当成一种学习的过程。**彼此的成长背景不同，生活习惯各异，不单找寻在一起创造快乐的方式，也得了解对方不喜欢、难以接受的事有哪些。如果拖到各自无力调整之时方才知道，机会成本太大。

◎ **要掂量一下相处的各种成本。**对方的性格是宽容还是苛刻，自律还是放松，进取还是保守，这都是需要仔细观察的。万一自己身上正好有对方不喜欢的特质，或者对方有自己不能接受的习性，那就及时结束，长痛不如短痛。

维系新朋老友

老年人的朋友越多，其主观幸福感就越强，抑郁情绪和孤独感也会越低。朋友能够有效地缓解孤独感，提升人的社会支持度和幸福感。尤其到了暮年，中老年姐妹之间的情谊更加宝贵。这里没有了高低贵贱的攀比，有的只是一种开诚布公的姐妹之情。

姐妹情谊是女性面对各种压力时赖以支撑的力量。这种女性间的相互关怀、相互支持、相依为命的感情是很珍贵的。虽然女性之间由于种族、阶级、民族的不同，可能存在不同的价值观，但姐妹相助依然是女性情谊的核心。

差点儿就当选美国总统的希拉里是个有能力、有抱负的女人，应该说，她承受了巨大的压力。让希拉里能在70岁时依旧如此风姿绰约，与她从友谊中汲取能量有关。她身边有一个非常能理解她，几乎时时刻刻都在希拉里身边的胡玛·阿贝丁。胡玛的父亲是印度人，母亲是巴基斯坦人，两人都是学者。婚姻生活同样也不快乐的胡玛是希拉里的女儿型密友，是希拉里最亲近的人之一，是她的倾诉对象、知己、忠实的伙伴。一个压力很大的女人能够有密友诉说内心的感受，从而得到理解与相助，这种姐妹间情谊是一份莫大的幸运和幸福。

胡玛是个冷静镇定、具有完美平衡能力和超凡解决问题能力的人。她与希拉里有长达20年的亲密接触，从一名实习生成长为希拉里竞选团队的副主席。她总是默默地支持着希拉里。在国务院，胡玛事无巨细地辅佐希拉里。她帮助希拉里安排会议，处理来自全球各地的电话，甚至还给希拉里一些衣着方面的建议。她的时尚品位在希拉里团队中属佼佼者。在希拉里漫长而艰难的竞选之路上，胡玛一直陪着希拉里四处奔波，竞选中几乎没有她未参与的决策。她还是希拉里与朋友、同盟者以及捐助者间的重要沟通者。多年以来胡玛伴随希拉里身边的时间远远超过了她与自己丈夫相处的时间。

在漫长的一生中，人是孤独的，需要朋友，无论是同性朋友，还是异性朋友；人的一生更需要知己，无论红颜知己，还是蓝颜知己，朋友是一生一世的约定，而知己则是生死与共的相守。繁忙、浮躁、压力和频繁更换住所和工作都会影响友谊的延续，只有很少人依旧能和20岁之前的朋友保持联系。**人需要各种朋友，需要忘年交。与不一样的人在一起，会有不一样的人生感悟。**年轻人最好结交几个年长的朋友，年长者最好多和年轻人接触。

老年女性会更倾向于从朋友那里得到情感上的支持，而不仅仅是和朋友一起讨论如何解决经济等各种危机。对那些有在文化、心态、经历上相近朋友的老年女性来说，老伴儿有一天可能会先自己而去，合作伙伴、工作同事也不可能经常陪在身边，陪伴自己走完人生旅程的多半是朋友。花一定时间和精力用来结交朋友，交一些需要时能陪伴在自己身边，给予支持、安慰，并分享人生体验的朋友很重要。人际关系是需要付出和维护的。

另外，上了年纪多参与一些社交活动，结交些新朋友，也是件不错的事，但结交新朋友需十分慎重。两个陌生人，在短时间里相互做到真正了解并不容易。对方人品、性格、爱好是什么，家庭背景、个人经历如何，都不是能那么轻易弄清楚的。一般交往没问题，比如一起晨练、一起聊天，会使生活变得更加丰富，但却不必轻易把谁当成莫逆，看作知己。交友不慎，会惹出大麻烦。

结交新友时，如何才能选对朋友呢？有几种朋友可结交：**最好结交比自己聪明、比自己高尚的人。**你是谁不重要，重要的是你和谁在一起，和聪明的人在一起，会变得聪明；和优秀的人在一起，会变得优秀。人更需要结交真朋友，不是在成功的时候为你锦上添花的人，而是在落难之时为你雪中送炭的人；不是在得意的时候有请必到的人，而是在失意的时候不请自来的人。到了老年，尤其得有几个可以随意相见的朋友，大家情趣相投，亲密无间，才会给暮年人生增加无限乐趣。亲戚越走越亲，朋友越交越近。朋友，只有在不断地交往互动中才能体现其价值。

平时要广结善缘，多认识各类朋友，这是老年女性享受晚年生活的秘诀。上了年纪可以远离世俗，毕竟时间和精力有限，只和感觉舒服的人一起共度人生余下时光就好。平常沉默寡言，但温和稳重，善于倾听，并能给予中肯建议的人，就是在一起感觉很舒服的人。只有认真倾听别人的倾诉，与他人良好沟通，才能赢得别人的青睐。相反，不考虑他人，只顾自己不停倾诉，只会令人厌烦。

有条件的话，在身体允许的情况下，多参加些社团或义工活动，能认识来自各行各业，与自己生活方式完全不同的人，不但能共同分享轻松时光，还有可能结交到真朋友。结交朋友时，不妨注意以下几点：

◎**你自己得是一个热情、温柔、敏感，自信，具有个人魅力的人。**你得有一份健康的心态，有一定的适应能力。神经质的人容易发怒和焦虑，这些不良心态往往会引起人际摩擦；悲观情绪和动辄与人争执的人，不易交到朋友。

◎**热情而开放的朋友关系能让人变得随和，平易近人。**自尊和适应能力强，就能够结交到随时倾吐心事的朋友。

◎**对朋友不必苛求。**无法倾吐心事的友人，虽称不上是真正朋友，也未必帮得上什么忙，但至少能听你发发牢骚。这也值得珍惜。有这类朋友，也会使人感觉到：我在你身旁，你不孤单。

对所有女性而言，姐妹之间的情谊非常宝贵。姐姐有难，妹妹来救；妹妹有难，姐姐相助。这种情谊对中老年女性更加弥足珍贵，因为大部分友谊很容易随着时间的流逝而消失，身边留下来的朋友会所剩无几。所有你喜爱的朋友，都能让你对自己、对生活感到舒服和愉悦，如果你能让所有朋友都感觉到这点，那你永远会是受欢迎的人。

抱团养老

抱团式养老是悄然出现的一种新的养老模式，或是老同事、老同学，或同住一个村庄、社区，自发“抱团”养老、休闲，互帮互助，变被动为主动，不仅能让子女不在身旁的孤独感有所排解，也能老有所为、老有所乐。退休之后，老年人的生活普遍比较枯燥，而抱团养老往往是有共同兴趣爱好的老人住在一起，大家没事儿时可以聊聊天，下下棋，打打牌或外出旅游，参加些活动，生活会增趣不少。

一些老人退休之后，因孩子无暇照顾或是不想和孩子同住，又不习惯养老院生活，于是就因志趣相投大家自愿组合在一起，过起集体养老的晚年生活。这种模式在一定程度上能满足空巢老人的心理需求。老年人也需要一些可以谈心的人，需要一定的社交活动。两代人住在一起有时并不方便，能和志同道合的朋友一起抱团养老是件很让人向往的事。

有一群失散多年的老同事，没想到在三亚聚齐了。这一群约有二百多人，平均年龄在七十岁左右。他们中打头儿的一位赵先生从哈尔滨一家工厂退休。退休第一年，他就和老伴儿去三亚过冬。刚到三亚，他们人生地不熟。一天傍晚，夫妻俩晚餐后去海边散步，没想到碰上一位老同事，告诉他这儿有不少曾经的同事。

为了把大家都聚在一起，赵先生灵机一动，把车开到海边的马路上，挂上写有自己工厂字样的条幅，和同事轮流守在车旁。第一次聚会就凑到了四五十人。几年来，通过手机微信，他们建立了群组，共联络上二百多名在三亚的老同事。大家的晚年生活热闹了起来。他们每天晚上不是见面，就是手机群聊。

彼此间互相照顾成了应当应分的事。每年10月到次年4月，便是同事团聚的时间。每天18点半到20点，老同事就会聚集在三亚吉祥街的海边长廊上。天天去“打卡”，一天不见都闹得慌。厂医院退休的老曲八十多了，腿脚不好，出门需要坐轮椅，但是他也想去凑热闹，和大家唠唠嗑。于是有人给他提供了轮椅，每天一到固定时间，老曲家门口就有两三个七十多岁的“壮汉”帮着他推轮椅，聚会结束后再把老曲送回家……

这些老同事建了14个微信群，谁遇到困难只需要说一声，就有人前去帮忙。他们是身强力壮的照顾体弱多病的，处得比亲人还亲。他们的晚年生活丰富多彩，游山玩水、志愿活动都不耽误。他们成立了三亚异地养老协会，一起捡垃圾，维护社区环境，倡导文明出行，在海边巡逻……做志愿活动使他们觉得生命更有意义了。

大家在一起，忆往昔、谈未来，让他们觉得这是最开心的事，几乎快忘记自己的年龄了。他们都尽量不给儿女添麻烦，有啥事求助于组团养老这个集体。他们决定，只要身体好，就会一直选择这样的养老方式，乐乐呵呵地度过晚年。

退休了，就不必上班，使这种“抱团居住，互相照顾”的方式少了很多阻碍，因而在一些地方已经实现。全国各地的“抱团养老”或者叫集体养老，大部分还是老人自发的行为，这种行为背后当然也存在种种让人却步或犹豫的问题。抱团养老的初衷不错，但真正在一个屋檐下实际生活，就不那么容易了。对居住在一起的人来说，得要求各自的素质、生活习惯很相近。若不在卫生、隐私、房租、伙食费等方面做出具体规定，入住者都签字画押，就会慢慢出现问题。没有明确的责任机制，最后就可能不欢而散。

同住较难，所以无论是德国、美国，还是荷兰，抱团养老成功的例子其实还是就近集体养老。美国得州四对夫妇“抱团养老”的人是认识了超过二十年的好朋友，孩子长大后，他们就买了一块地，建了四座小房子，住到了一起。在选择房屋样式时他们兼顾了大家彼此的沟通和隐私，选择了搭建四栋一模一样的小房子，彼此相邻，既方便互相走访，又能留下各自的空间。德国人六十岁后就可以进疗养院养老，但有些老人厌倦了疗养院里的单调生活，于是便有一些老人因志趣相投而自愿组合在一起。还有的过起了“老少搭配”生活。一些老人甘愿把自己的房子低价或免费提供给年轻人。他们一起居住，但前提是年轻人必须承担部分照顾老人的义务，比如，陪老人聊一会儿天、打扫花园、外出采购等。

抱团养老是需要有前提条件的：其一老人要生活在一起，日常需要能够得到基本满足；其二老人的家境比较殷实，子女有一定的负担能力；其三得是一个熟人相助团体。而这种平时休闲娱乐，有事相互帮助的老年乐，实现起来还是有一定难度的。大家都上了岁数，身体难免会出问题。当疾病发作时，也只能由本身也是老人的同伴互相照顾；照顾得是否专业，暂且不提，但很容易因为劳累造成照护者的连锁病倒。同住时，需要付出更多体力劳动的事由谁来做，比如日常的搬运、登高爬梯等。如果低龄老人真的能担起照顾高龄老人的生活起居的任务，那专业的义工、护工、社工等，显然就没存在的必要了。实际上“抱团养老”只适合年龄不太大的老人。如果岁数大了，失能了，还是需要子女照顾或者去老年公寓。

老卢曾经是下乡知青的一员，跟十几个同学组成农村集体户，直到20世纪70年代才回城。当时在乡下，他们过的就是集体做饭、劳动，互相照顾的生活，她非常熟悉和享受那时的日子。各自回城，集体生活仿佛一去不复返了。退休后，子女工作忙，平时业余生活少，老同学们彼此联络时都感叹如果能恢复当时的集体生活，日子也许会过得不错。

于是，老知青们从松散的聚会变成了抱团居住。春节过后，大家搬到了广西的一个小镇，住进了一栋小楼。他们住在一栋楼里，轮流做饭，打牌、种花，有病互相照顾，闲来回忆往昔。为避免日常生活中发生小分歧，他们做好分工：大家轮流做饭，伙食费AA制，每人每月500元，不做饭的就负责刷碗、收拾屋子、擦地，每天做什么菜也是大家商量。他们决定让孩子们各忙各的去，老朋友在一起生活，跟家人一样，热热闹闹，自给自足，自在而且舒服。

为了消除子女们最担心的健康意外问题，老朋友约定抱团居住人数不能少于四个，生了病大家一起照顾，重病送医院。去年，老卢做手术住院，她没让在北京的孩子过来，一天三顿饭都是由朋友送到医院，每顿好几样，换着花样做，感动得她边吃边掉泪。

老人的年龄与身体状况是“抱团养老”这种养老模式需要考虑的。其实大家协商一起去一家养老院也是不错的。场地大，健身娱乐设施相对齐全，还有专业人员照顾，身体出现突发状况也好解决。有七家川大中文系同班同学，就一起住进了同一家老年公寓。他们毗邻而居，一起散步，一起出游，一起活动，从青年到老年，不是兄弟胜似手足。“抱团养老”让他们的夕阳图景更加灿烂多姿，为破解养老困境，激发老年人自身的活力，搭建养老社会化的民间支点，做了有益的尝试。

“抱团养老”要注意的是：

◎ **首先，是权益和规范问题。**大家住在一起，就会面临日常家务工作的分配，金钱支出的分担，彼此间的人际关系等问题。还是分开住，靠在一起的集体养老更为稳妥。

◎ **其次，得制定比较细致的规则和约定。**没有制度约束，大家的权益保障就更多地依靠自觉，而一旦出现了彼此间的不快，可能引发更多矛盾。

◎ **无论多完善的规定，最终还是需要大家的自律、友爱谦让。**如果有更多对于这种集体养老的规范管理，甚至有机构运营和协调，无疑会大大减少摩擦的出现。

结伴旅游

游山玩水也是老年人喜欢的养老方式之一。很多老年人退休后都热衷于到处旅游。老年人结伴出游可以开阔视野，放松心情，对健康有益。旅途中还可能会结识新朋友。据统计，有出行意愿的老年人达七成之多，绝大多数老年人把旅游作为自己养老休闲的方式。人在旅行中会意识到自己的渺小，眼界会随着旅行的步履而不断扩大，胸怀慢慢变得更加宽广。在喜欢旅游的人群中，女性的比例略高于男性，六七十岁的人中女性大约占六成。

结伴出游，也是老年人联络感情、定期聚会的活动形式。通过旅行充实自己的心灵，在过程中发现自己久违的活力，是旅行的意义所在。出游的伙伴一般是夫妻、家人、邻居、老同学或老同事等，能出来旅游的老年人，一般身子骨都还可以；旅游，同时又能锻炼身体、调节心情、陶冶情操。不过由于老年人的身体比年轻人要弱一些，身体器官的功能会有所衰退，因此在外出旅游时，为了自己的健康着想，特别要注意劳逸结合。

有一位五十多岁的女性，很喜欢旅游，当她终于可以放下工作、背上行囊，放慢脚步、领略世界风光时，她发现自己已经走了不少地方。国内除了九寨沟、张家界、西藏、青海，其余大都已旅游过了。日本、美国去过多次。她英语不错，还会点儿日语，她想去欧洲或者其他地方看看。趁着身体好、腿脚利索，用旅游去充实和丰富晚年的生活。她想约伴儿时，发现邀伴同游并不那么容易。

她希望同行者最好也是退休的，这样时间比较充裕。她比较喜欢原汁原味、淳朴自然的景点，讨厌参加那种赶时间、大拨儿轰的团队，或带人去没完没了购物的旅游。她希望最好避开节假日旅游高峰，自己能用心慢慢品评、把玩旅游的滋味，喜欢的地方可以随意多待些日子，了解那里的风土人情。

她很想找趣味相投的旅友，希望能有良好的素质，脾气随和，相互关照；旅游结束后各忙各的，有时间打个招呼，闲下来再随时结伴同行。想得很好，找起来可并不容易。网络选择面宽泛，她最终从旅游网上选到了几位旅伴。

她们约好一起在网络上定路线，买机票，又定好民宿。下了飞机，租上车，来个自由行。她们称自己算是铁杆老年团。一路照了很多相。她们从迪拜出发，一台车，五个人，自驾 4300 多公里。边走边玩，好不开心！

像她们的这种旅游方式并不普遍。虽然银发群体现在已成为旅游市场的主力，但在众多出行方式上，有八成老年人会选择跟团游。八成的老年人会有意避开旅游出行高峰，成为错峰出游的主力军。因为他们不愿给子女添麻烦，同时可省去自助、自驾游的辛苦。接近两成的老年人每年出行在三次以上，且大部分人会选择在旅游目的地停留 7 ~ 15 天。**老年人旅行最好要慢，慢慢去游览**；可以早起，但最好别再晚归，保证有充足的休息时间。千万不可贪图小利而伤及自己。

老年人中有七成愿意和熟人一同出游，这样能玩得尽兴。老夫老妻并肩远行，既可嘘寒问暖，又能互相关照。随团出游，尽量与老友结伴而行，因为大家早已相识，在旅途中无所不谈，有说有笑，其乐融融。**一定得根据自身的年龄、体质及平时的运动情况来制定或选择最适合自己的出行线路，一定不可过于勉强**。尤其是要注意旅游目的地的天气情况。南北半球气候不同，海拔不同，气候各异。不能抱着多走几个地方才值的心理而选择紧凑的行程；身体状态不好，就无法充分享受旅游的乐趣。

有一对老夫妻，两口子退休前是矿务局职工，退休金不高，但是他俩都有颗不安分的心，喜欢东跑西看。老两口儿决定背着行囊自助游，北达漠河，南抵海南，西至新疆，东到上海，用了五年零两个月的时间环游了整个中国。五年有四个春节都没在家里过，过年时只给女儿打个电话问候一下。他们每到一地都会把车票和门票留下作纪念，还找到当地邮局或景点，让工作人员在笔记本上盖上邮戳或印章。光景点门票、车票等就装满了一盒子。

他们每到一个城市，一般住到费用不高的小旅馆里。遇到喜欢的城市就在城郊租个房子住下，白天乘公交车等交通工具出游，晚上回到租住的地方。带个电水壶、小电饭煲，到菜市买菜，回来自己做饭吃。出行尽量选择汽车、火车这些经济实惠的交通工具。这些年下来，平均每年总花费约四五万元，环游中国的旅程总共花费 30 多万元。四本发黄的笔记本上密密麻麻的邮戳，70 多 GB 的照片成了他们游历的见证。他们盘算家底，计划休整半年之后，再次出发环游世界。

老年人出游，可以避开旅游旺季。特别在节假日期间，外出旅游的人较多，旅游景区的各类服务因供不应求而价格上涨。而有意识地避开旅游热点地区、高峰时段，到那些新开发的旅游景区去走走，会更尽兴。随团出游，虽然自己操心少，但旅行社要盈利，行程安排较死板，时间太紧张，不如自由行更随己意。自助游对老年人有诸多优越之处。

市面上有一种低价游实际是一种“钓鱼策略”，旅行社通过超低价格吸引游客，然后导游往往把游客带到各个购物点强制购物，极易产生纠纷，甚至激烈冲突，所以上了年纪的人一定得警惕，不合理的低价游多半是骗局，其中有消费陷阱。

76 岁的李奶奶被忽悠着买了 6000 多块钱的保健品，获得了赠送的免费游港澳的机会。然而这次旅行却差点要了她的命——在遭遇旅游强制购物后，李奶奶突然心跳呼吸骤停，虽然抢救了过来，但却成了植物人。保健品公司、旅行社赔了李奶奶 18 万元。

保健品公司组织这些老年人赴港澳双卧六日游。当地地接社导游安排他们到香港珠宝店购物，后来把原定一个半小时的购物行程延长到四个半小时。直到 12 时才安排离店就餐。李奶奶在被强制购物期间，心脏不适，服下速效救心丸。饭后导游清点人数，发现李奶奶没上车。寻到后，发现她晕倒在路边。送到当地医院抢救，虽然置入四个支架，但因脑缺血时间长，变成了植物人。在旅途中李奶奶又热、又累，被强迫购物又生气；加之导游又没做好必要的防护和及时救治所致，旅游变成了一场灾难。

出门一趟不容易，得找品质有保障的旅行社，行程安排要合理，交通舒适，吃住放心，才对得起辛苦了大半辈子的自己。越来越多的老年人在逐渐摒弃拒绝“低价游”“零团费游”等不合理的旅游模式，更注重旅游安全和品质。强迫购物、乘车时间过长、团餐吃不好、住宿简陋不便等问题，尤其让老年人不能接受。像包含保健品赠送、项目考察团、购物团等低价游项目，最好拒绝参加。要想玩得高兴，有几点特别要注意：

◎ **饮食安全。**老年人肠胃功能退化，所以更要注意饮食卫生，不要随便在小吃摊上吃东西，尽量少食不易消化的食物，多吃新鲜蔬菜水果。旅游时，当地的特色小吃尝一下就好，适可而止。吃坏肚子，就不能尽兴游玩了。

◎ **注意适当休息。**老年人体力消耗过快，旅途中一定不要勉强自己做超出自己体力范围的活动。量力而行，保证休息的质量。保证每天至少八小时有质量的睡眠，才有充沛的精力旅行。

◎ **备好常用药。**随身带一些晕车药、感冒药、风油精、止腹泻、止痛之类轻便药物为宜。有过敏体质的事先口服些防过敏的药；高血压患者，别忘带降压药；心脏欠佳者，更应带救心丹或速效救心丸。人在旅途，一旦因水土不服或引发小病小痛，这些药品能应急。

◎**购买旅游保险。**旅游对老年人身心的健康有很大益处，可以开阔心胸、锻炼身体，同时能给单调的退休生活增添一抹色彩。无论是长途旅行，还是重阳登高，身体都会疲劳，这些会给老年人身体带来不利影响。老年人出行，最好购买旅游意外险。保险公司所提供的团队旅游人身意外险没有年龄限定，但是不包括医疗保障；而且不同保险公司都会对投保年龄有不同的规定，不妨留意。

第八章

Part Eight

做好准备安度暮年

如果一个人始终乐观向上，积极热情地生活，其生理年龄和心理年龄会比实际年龄年轻许多。如果人能不为年龄所累，保持年轻的心态，继续学习，坚持对美好事物的追求，打破知识结构相对陈旧、信息相对闭塞的僵局，那么在任何时候都可以活得不累，活得有情趣。只有这样才能做好充分的准备，用平和的心态迎接暮年。

大数据时代下的晚年生活

互联网和数字技术是现代社会传递信息和承载情感的工具，老年人在退休后失掉了工作单位这个主要的社交空间，互联网为他们打开了一个新世界。新技术正在快速更迭，不断催生新的内容、新的链接和新的生活方式。在大数据时代，特别是老年人，如果不具备现代技能，很容易和时代脱节。因而，人老了也不能放弃学习。

在大数据时代，年轻人热衷的互联网生活方式也已逐渐渐融入中老年人生活之中。中国社科院发布的《中老年互联网生活研究报告》显示，我国现在中老年人口已超 5.4 亿，而网民群体不到 2 亿，使用者不到一半。中老年人利用互联网的能力有待开发，而用互联网来满足自己的社交愿望，刷朋友圈、抢微信红包、跟孩子视频聊天、二维码支付、出门使用共享汽车、快捷交通、在网络上消费等，已经成为越来越多中老年人的诉求。

有位时尚的老太太，已经有70多岁了，但是她一点儿都不服老，什么流行她学什么，既会电脑，又懂英语，还会开车，这些本领都是在她60岁以后学会的。她的生活因此变得丰富多彩，晚年也多了不少乐趣。5年前，她为自己制订了一项计划，决定用一年的时间，每天出去走一个景点或一户人家，然后回来写一篇千字左右的杂记，希望通过这些文字，让人们了解一个更加全面的杭州。她为自己的每日杂记取名《出没杭州365》。如今，这部30多万字的作品已在网上发表，并获得了很高的点击率。因为爱好写作，13年前，60岁的她学会了电脑。

65岁那年，她去了一趟伦敦。由于不会讲英语，她觉得自己在那里像聋哑人一样，跟当地人交流非常困难。从英国回来以后，她就开始学起了英语。如今，她已经熟练掌握了一些英语的日常对话。

快70岁那年，她决定学开车。领到了驾照，她成为当时杭州市第一位超过70岁还在开车的驾驶员。她经常用手机给儿媳打电话、发短信，还会在互联网上用QQ跟孙女聊天，用她自己的话说，就是要跟上时代的潮流。

这是一位具有“无龄感”特征的老年人，“无龄感”并非指人一味地不服老，而是一种心理状态和生活态度。这种心态能让人不为年龄所束缚，在生活中始终保持活力，对事物充满好奇，并勇于尝试，去追求活得精彩，不留遗憾。“无龄感”生活方式应该成为老年生活的常态。每个人的心理素质不同，造成了生理年龄、心理年龄与实际年龄的差异。如果一个人始终乐观向上，积极热情地生活，其生理年龄和心理年龄会比实际年龄年轻许多。如果人能不为年龄所累，保持年轻的心态，保持对美好事物的追求，任何时候都可以活得不累，活得有情趣。

人如果忘记年龄，无论什么时候，都还想继续探索、不断发现，即使年龄很大了，也依旧充满活力。这就是最好的心理状态。持“无龄感”的人，总是在不断地积极尝试，饱览沧桑，却对一切事物依然保持足够的好奇。忘记岁月沧桑，像孩子一样憧憬未来，努力实现自己的愿望。这样的老年人内心并没有太多的担忧和畏惧。这个世界变化太快，他们努力不被时代抛下，设法了解新事物，让自己获得自尊。

随着科技的进步，人类前行速度大大加快了。当时代迅速地从工业社会进入网络社会，变革更为猛烈，资讯高度发达，各种平台打破了过往的人际关系模式、经营模式、意见表达模式，众多领域都出现了颠覆性变化。日新月异的当下社会，中老年人的知识更新能力远逊于年轻人，很容易跟不上时代。认不清这一点，自己浑然不觉，就有几分悲哀。

在信息社会和消费文化的合力中，人们面对着一个全新的世界。互联网、知识经济促成了新价值观的出现，中老年人只能认可、接受并努力学习。许多老年人陷入了“刚学会这个，又流行那个”的困境，也得正视。这种困境只能证明过往经验的失效与上辈人的无奈。

随着手机支付功能在老年人生活中的普及，网络诈骗问题也频繁发生。许多老年人在看到手机弹出输入支付密码的要求时，分不清楚这是陷阱还是正常流程。《中老年互联网生活研究报告》指出，50 岁以上的中老年人虽然具有一定的网络安全意识，但交易能力和信息创造能力偏低，信息甄别能力亟须加强。

有这样一个警方破获的真实案例。20世纪七八十年代，广东、广西、四川等地就有一个传言，一大批皇家资产秘存于海外48国银行，总价值1兆亿元。这笔钱由分布在西南、西北、华南、华中、东北等五个地域的元老掌握，总负责人叫陈玉珍。元老们年事已高，要把这笔巨额财富分给那些需要帮助的人，但先得投入大笔运作费用，才能将这批巨额民族资产解冻，解冻后会给出资人丰厚回报。有个人贷款3000元参与解冻，被骗。他意识到别人可以骗他，他也可以去骗别人。于是，他对外散布消息自己有大量已经解冻的美金。还伪造了陈玉珍的图章、国外的银行存款单，称只需要交1元人民币，以后就可以兑换1美金。很多人听信这个传言，纷纷交钱参与。短短几年时间，就骗了2000多万元。这事传到微信上，成了网络诈骗。

这些骗子利用“民族资产解冻”这一噱头，又虚构所谓“养老”“扶贫”等投资项目，不断地空手套白狼。传言要在国家体育场开慈善富民大会，参会者只需缴纳10元钱胸牌制作和会议组织费，便可由国家报销交通以及食宿费，现场还可以领取5万元慈善金。如此天上掉馅饼的好事儿，让不少中老年人跃跃欲试。被组织起来的会员大多数都是五六十岁的退休老人，他们之间以“家人”互称，甚至还有老人因子女阻拦而与孩子反目成仇。最终，公安部宣布已打掉这个诈骗的犯罪团伙，抓获了几十名犯罪嫌疑人。近几年，随着网络的普及，骗子纷纷走上了“互联网+”诈骗的道路。很多没有防范意识的老年人接连中招。

随着老龄化进程的加快，侵犯老年人合法权益的违法犯罪愈演愈烈，各类违法犯罪的金融诈骗往往瞄准易轻信、少设防的老年人，导致被害人数众多、维权难度增加、维护成本极高、社会危害甚大。由于这些金融骗局扑朔迷离、天花乱坠，知识健全的年轻人尚且有可能受骗，更何况知识结构相对落后、信息相对闭塞的老年人！**老年人学习金融风险防范知识，显得尤为紧迫。**有的国家规定由政府出资为年满65周岁以上的老年人预留名额，各种学习训练活动不允许把老年人排除在学员之外。接受最新的理念，对于老年人预防受害有极大的帮助。

中老年人自己也应该对可能遭遇的金融诈骗方式有一定的了解，如授权代理人滥用权力，或强迫授权窃取利益；还有投资欺诈、电话诈骗、网络钓鱼、恶意软件等。面对老年人被害案件数量激增的现实，各国都采取了不同措施，发动全社会的力量来预防老年人被害。

现在已有超过37%的中老年人曾遭遇网络诈骗，如果遇上了，该如何免受网络欺骗和伤害？这两点不妨注意一下：

◎ **学会识别微信诈骗，多向家人、警察求助。**老年人在选择关注内容时很被动，陷入微信公众号圈粉营销的套路后，不会取消关注。这时一定不能自己扛着，要告诉家里或周围的年轻人，帮忙一起处理。当遇到网络风险时，千万要求救。据调查有30.4%的中老年网民遭遇过保健品诈骗，25.1%遭遇过红包诈骗，24.2%遭遇过中奖诈骗。如果接到不明电话骚扰时，要及时向家人、亲戚求救，向老同学、同事和熟人求教、求助，向警察报案。

◎ **拒绝向陌生人汇款。**如果需要银行转账，一定要格外警惕，不要轻易汇款。绝不向任何陌生人透露验证码，无论他怎样花言巧语。

遭遇丧偶的沉重打击

中老年夫妻多年的同甘共苦、患难与共，情深意笃。经过了几十年的风雨人生，本该相携共度幸福晚年，这时痛失相依为命的伴侣，对老年人无疑是个沉重打击。当一方溘然长逝，必然给生者带来极为严重的心理创伤。有数据显示，近期内丧偶的老年人因悲痛而导致死亡的数量是未遭此难的老年人的七倍。

虽然人人都明白“老夫老妻总有一个要先走”的道理，但当老伴儿真的撒手人寰，其痛苦还是无可名状的。大多数女性总有一天会面临独自一人的暮年生活，只不过是个时间的早晚而已。如果孩子已经成年，出去上学或者到外地工作，家中只剩下年老的父母相依为命。这时突然祸从天降，因疾病或者意外，夺去了老伴儿的性命，丧偶就成为生活中最沉重的打击。老年人在身体衰退的同时，心理功能也随之退化，心理防御和心理适应能力都相应减退，一旦遭遇老伴儿亡故这样强烈的不幸事件，便不易重新建立心理平衡。很长时间无法从痛苦中走出，会引发包括抑郁症在内的各种心理疾患，加重原有的轻微病症，发展成导致死亡的重大疾病。

有一位女性痛苦地回忆，她丈夫才63岁，就因劳碌过度，突然心梗猝死。他是个好编辑，为出好书付出了生命的代价。十多年前，他因选题意见与社里相左，被要求提前退休，当时年仅52岁。退休之后，为了养家糊口，他只好为一家财会杂志编稿。丈夫并非出身寒门，他父亲博学多识、勤勉干练，人脉、官脉甚广，但他从不借父亲的关系谋私，毕生拒绝经商，拒绝谋官。

他俩相识在陕北，相识的时候只有20来岁。本来她一个人在山西农村插队，受邀去朋友插队的陕北玩儿。她一下子喜欢上了他们那里的气氛，不想走了。那位好友找到一起插队的同学帮忙，希望能设法让她留下。那个同学就是她日后相伴终生的丈夫，他上下打量了她半天，问了几个简单的问题，突然下决心说，就以我女朋友的身份留下吧。当时她的心紧张得像小鹿乱撞，怦怦直跳。像她这样出身不好的人，那时活得可压抑了，能得到他如此信任，真让她感动极了。

当时正值夏收，为了抢时间，从早到晚，起五更睡半夜，早上不到6点就下地，晚上22点才收工，没日没夜地在地里抢收庄稼，一天三顿都吃在地里。人累得快散了架，每个人都脏得像泥猴一样。这样的强体力劳动持续了好长一段时间，她使劲儿努力，生怕让他失望。

他很爱读书，深夜还点着油灯阅读。他还爱拉手风琴。下工之后，他拉起《贝加尔湖》，简直拉到她心里去了。她坐在一旁默默地听，觉得自己的灵魂都被琴声抓走了。后来，他们终于都返城了，真的成了夫妇。她觉得是他的宽厚与体谅，让日子过得那么温馨。可惜天不假年，他病逝得太早了！她无比怀念丈夫，怀念他们在一起的日日夜夜，痛苦得难以排解。

从心理学角度来看，宣泄对于维护人的身心健康有益，丧偶之后，可以找朋友、亲人适当宣泄一下，但注意把握一定的度。**无休止的悲痛会造成人为的精神消耗。过一段时间，就要设法转移自己的注意力。**可以到亲朋好友处小住，更重要的是要走出家门，多接触外面的世界，多参加有益的文体活动，生活视野开阔了，可以淡化精神上的痛苦。时常看到老伴儿的遗物会不断强化思念之情，加重精神上的折磨。因此，不妨把有些遗物暂时收藏起来，把注意力转移到现在和未来生活中去。

2018 年的诺贝尔化学奖得主之一是弗朗西斯·阿诺德，1956 年生于美国，现任美国加州理工学院教授，也是诺贝尔化学奖历史上第五位获此荣誉的女性。年过六十的她，是个遭逢不少人生不幸的女人。她有两任丈夫，但都过早辞别人世。第一任丈夫是研究生物化学工程的，在行内是先驱式的人物，但不幸患癌去世。丈夫去世之后很长时间，她都处在思念与悲痛之中，迟迟走不出来。直到在加州理工学院碰到了物理学、天文学家安德鲁·兰基，爱情才再次关照了她。然而第二段婚姻，仍然使她经受了磨难。先是她自己被确诊为乳腺癌，随后接受了为期 18 个月的治疗，每一天都在与病魔搏斗，虽然治疗的过程很痛苦，可是庆幸终于战胜了疾病，成功康复。谁知还没来得及安定，丈夫便自杀离世。

婚姻留给她的只剩三个儿子。人生最可怕的三件事之一是中年丧子，她的次子威廉遭遇车祸丧生。然而，她不但挺过来了，还拿到了诺贝尔奖。是什么支撑她活了下来呢？是她战胜痛苦的心态。她说过："你有责任用你的学识去为这个世界做些什么，而不单单是为了你自己和你的家人。因为在这个小小的，美丽的星球上，我们为彼此分享，为我们的下一代着想。"她想用她所掌握到的技能来让这个世界变得更美好。她明知道未来是未知的，有时可能会让人失望，但是她就是要用自己的双手构建未来。她强忍悲痛出席了威廉就读的伯克利大学化学系的毕业典礼，告诉威廉的校友们不要害怕，她自己首先就是勇敢面对所有的人生挫折与科学挑战的。她总是记着成功源于努力工作，成功的人生源于不懈地努力。她总能找到一些可以做得特别好的事情，动手构建美好，创造一些有意义的事情，即使这些事情非常微小，但她仍可以看到不断的进步，这些事情会给她带来快乐。这就是让她战胜痛苦取得辉煌成就的利器。

遭遇丧偶打击的人，其创伤会有节点，一个是年龄，45 ~ 59 岁，又称**老年前期**。这个阶段夫妻经过二三十年的风雨人生，本该相携步入幸福的晚年时光，一旦痛失相依为命的伴侣，这对中老年人来说无疑是最沉重的打击。如果生者首先得知配偶的病情，可能承受痛苦的时间比死者还长；其痛苦在患者去世后相当长的一段时间都还在持续。这种悲伤的过程对其身心健康、生活、工作均有很大的影响。

第二个节点是丧偶者的**居丧期**。这段可能需要经历两年或更长的时间。主要原因是内心悲痛，悲伤是失去亲人之后的心理反应。原来一起生活，情感上越依赖，悲伤程度越高。如果能将悲伤及时宣泄出来，居丧悲伤期就会缩短。如果有人安慰，或者能参加一些社会活动，或能有一些宗教信仰，都会对减轻居丧期的痛苦有助。

人生在世都有一个生老病死的过程，这是不以人的意志为转移的，不是主观愿望能决定得了的。对此一定得有心理准备。未亡人努力安排好自己尚且拥有的时光就对了。人老了，都得面对丧失与衰老，无人能幸免。重要之处在于如何尽快平复和缩短因丧偶而引起的心理创伤。可以从以下几点入手：

◎ **亲人亡故，悲痛是难免的，但是尽量有所节制。** 过度悲痛不但会损害健康，还可能招致严重疾病，甚至有可能使生者随之而去。所以节哀本身是对死者最好的告慰。

◎ **人亡物在，见景生情。** 死者生前的一切遗物都会勾起生者的无限悲痛，以致进一步加重心理创伤。因此在配偶刚刚故去的一段时间内，最好能换一个环境，以减少可能加剧悲痛的刺激。

◎ **转移悲伤情绪。** 悲伤的情绪体验越深刻、越强烈，悲伤的时间持续越久，身心受到的损害就越严重。因此要逐渐地把注意力转向自己喜欢做的、有意义的事情上，并以此作为对亲人最好的思念。

◎ **可以选择寻找伴侣。** 积极寻觅一位贴心的老伴儿，有利于减少孤寂无助感，对提升生命质量有益。但真要这么做，一定要谨慎选择。

独自面对暮年的到来

> 年过半百方才知晓人生原来是一场旅行，不必一直赶路，累了，可以坐下歇歇，享受人生。然而，获得一份难能可贵的心安并不容易。暮年的你，可能疾病上身，可能过的是寂寞的单身生活。你是否做好了面对未来的心理准备？

现代心理健康有几项标准：是否有充分的安全感，能否对自己的能力做出恰如其分的判断，制定的生活目标是否切合实际，能否一直保持与外界的联系，性格是否不偏激，是否还具有一定的学习能力，是否始终保有良好的人际关系，能否适度地表达和控制自己的情绪，能否适当发挥自己的才能和兴趣爱好。越到晚年，越不容易保持心理健康。中老年女性无论为资深单身或二度单身，最终还是要一个人生活。即便是一个人，如何健康快乐地生活，对每个人都是一份不小的挑战。

有一位单身的退休女老师，有不少地方请她去给学生辅导功课。她推掉了，不想那么拼了，想留一点时间给自己，到处走走看看。没想到，有一天她乘公共汽车，突然从车门处被挤了下去，头磕到地上。大家急忙叫来救护车把她送到医院，发现头部有瘀血，得做开颅手术。面对这个突发事件，她自己一无所知。救过来之后，她觉得简直受不了了。自己本来身体还不错，没大毛病，连医院都不大进，怎么会一下子这么倒霉！

她自己一个人生活了一辈子，真无法接受不再健康了这个事实。没有了健康，不能做自己想做的事，不能长时间看书、用电脑、周游世界。这种没有质量的生活，活着还有什么劲儿！她伤心得难以自拔，觉得整个世界都要坍塌了。真是无法从悲伤中走出来，不知如何是好，心情太坏了。

人受伤了，有这种心情可以理解。意外打击，谁都难以承受。身体受伤，心情自然会变得更糟。然而，越是如此，越得调动自己的主观能动性，坦然地面对。既来之则安之，心态平和，才可能更容易恢复健康；抱怨、愤怒、痛苦地面对，愈后恢复更不易。**身体能否康复与情绪有关，很大程度上取决于自己的心态。不只是身体状况会影响人的情绪和行为，人的心态更能决定生命质量。**

即便没有意外事故，也得承认生活像一个巨大的漏斗，年轻的时候，遇到的人多，想聊的话题也多。今天跟这个无所不谈，明天和那个聊得忘乎所以，国事、家事、天下事，都能聊得津津有味。然而随着年龄慢慢地增长，能听你说话、和你说话的人越来越少，有时候与人聊天都会变成奢望。过去你可能厌烦别人来邀请你聚会、吃饭。渐入老境，相约的人都会变少。即便认识的人不少，也未必能想聊就聊，不被拒斥或遭冷遇。一旦伤痛让人行动不便，更会影响与外界的联络，这是不可避免的，得有这种心理准备。

一旦陷入病残的状态，人容易感到孤单。尽量别让自己沉湎于不幸，这样只会积郁成疾，不利于康复。久久不能从恶劣心境中走出，经过一段时间不良情绪的折磨之后，还可能会引发自残、自虐，甚至自杀。**设法走出精神创伤，这对单身老人来说非常重要。**积极、乐观、豁达、奋进的良好心态，能够成为坚实的心理保障和强大的精神动力；而消极悲观、颓废阴暗的不良心态，会影响个人生活和自己的健康。

有一位耄耋之年的老太太，熟悉她的人还愿意称她大姐，不仅因为她面相年轻，更因为她的心态不像老年人。她是个很有气质的女人，白净的皮肤，炯炯有神的大眼睛，入时的着装，银铃般的嗓音，让人怎么也不觉得她已年近九旬。她每天上微信和朋友聊天，也经常发朋友圈，她不时会给大家转发一些有意思的文字。

她本来有令人羡慕的家庭，有个有地位、有能力的老公。她和先生都是南下的老干部。二人在城里建立了安逸、温馨，生活环境舒适的家。

后来，丈夫不幸突发心血管疾病。她忙前忙后，对丈夫照顾得细致周到，但终未能保住他的性命。这时孩子都已长大，不在她的身边。在她的单身日子里，文学是她的精神寄托，作者是她全身心投入的对象。她和作者一起聊创作、谈构思、聊共同喜欢的文学作品；她把精力全放在了工作之上，给刚出道的作者以写作上的鞭策与鼓励。她把作者看作自己的朋友，与一批作者保持着良好的互动。虽然一个人生活，依旧过得充实而忙碌。

她与后老伴儿的结合是在她得了乳腺癌，一侧乳房切除之后。本来，六七十岁的单身男士在婚姻市场上是有很大选择余地的，但是她的气质、她的雍容大度，她待人的谦和有度，让那个男人非常欣赏。年近七十时，她与后老伴儿决定相伴最后的晚景。现在她与老伴儿一道搬进了一家相当好的老年公寓。她与一群同住者成为新的朋友，他们组织了合唱团，一起唱歌、跳舞，点染金色的黄昏。

现在大家的活法儿已经发生了变化，人不再仅仅满足于有饭吃、有床睡，而是更多地关注精神、文化上的心理需求。年轻人想活得更阳光，老年人追求活力。**晚年的最佳境界是满足愉悦的心情，做一些让自己快乐的事。**纯粹的个人享受，哪怕是吃几顿美食，和朋友唱歌跳舞，细数自己有过的任何小幸福，追求长期未能实现的梦想；保持对才艺和知识的学习兴趣，看场电影，旅游一下，对老年人而言都是很好的事情。

正视自己真实的内心感受，这将引导人不懈地朝所希望的方向努力。尽量去做能做到的那些事，趁着时光尚好，竭力实现曾经有过的所有愿望。开始绘画、写作、旅行，学滑雪、外语或者尝试练习弹钢琴……凡是自己至今想做而没去做的一切，趁着为时还不算晚开始行动。在不妨碍他人的原则之下，都已经走到了人生的末端，还有什么好顾忌的，放手去做就好。

怎样做好面对未来的心理准备？可以从以下几点做起：

◎**老年人易孤独，可以借助网络扩大生活半径。**有了健康的身体、有自己的社交圈子和持之以恒的兴趣爱好，远比财富还重要。

◎**广交友。**用人生经历多交朋友，和友人一起参加些户外运动，能改善心情，丰富生活。

◎**平和心态。**以一种淡然心态，用平常心来看待庭前花开花落，以平和之心来体验平凡的幸福。

人生最后一段时光肯定会逐渐失去色彩，无论是否遭遇意外。而每个有一定阅历的人，经过一生的磨炼，在心底都积聚或多或少的爱意，只有爱心才能为人生最后一段路途铺上温暖的底色，才能让晚年生活充满阳光。

让黄昏景色变得丰富多彩

暮年黄昏，让人选择的余地并不大，体能下降，诸病上身，收入有限。假如能在晚年还保持广泛的兴趣，不断地学习，使自己的生活汇入到不断变化的新潮之中，还能活得有滋有味。退而不休，永葆活力，最好的办法是走出家门，到户外舒活筋骨，开阔眼界。如果出不去，也尽量做些自己喜欢的事，沉浸其中，心情会大好。

现在养老方式变得越来越多元化，不再单纯依靠居家养老。南方过冬、北漂避暑这样的候鸟式养老，能帮助生活在北方的老年人冬天到南方取暖，也可以帮助南方的老年人夏天到北方避暑。这种养老方式正逐渐被越来越多的老年人所接受。旅居养老可以丰富晚年生活，游览风景名胜。有的老年人退休后在家待不住，他们冬天到南方养老，夏天到北方居住，春秋两季就在所住城市周围环境好的养老院住上一阵子。每次去的地方都不同，让他们过足了旅游的瘾。年轻的时候没去过的地方，退休后去了不少。

有一位大姐说，她家在东北，那里的空气污染时常比较严重，她住的地方煤烟四起。前年冬天，她得了几次严重的上呼吸道感染，最后变成肺炎，被送到医院抢救。女儿心疼她，骗她说已经买好了到海南的机票，如果她不去，机票就得作废！她一听就急了，于是咬牙飞了过去。结果到了那里，空气温暖、纯净，没有了生活琐事的烦恼，人一下变得开心起来。

在老家，早晨的菜市场里，会看到很多愁眉不展、急匆匆地在菜堆里挑拣菜，为家人的生活而忧愁的老年人。到了这里几乎到处都是一种度假的气氛，来过冬的人锻炼身体的氛围非常浓。她在海边散步，面对碧蓝的大海、蓝天白云、椰树鲜花，她觉得太幸福了！结果这一冬天不但顺利过来了，而且身体还特别好。第二年她因为有事回去早了些，没到大年初六就进医院了。老年人呼吸系统的宿疾，每到冬天都是危险的季节，可是海南的气候却让他们避开了危险。

她在海边，遇到很多已经来了十几年的“候鸟族”，身边这些想得开、放得下、豁达的老年人，每天一起唱歌跳舞，开心得不得了。离开海南的时候，天南海北的老年人告别，大家都很动感情，相约秋天海南再见。

这个大姐参加了跳广场舞的团队与合唱团。这里空旷，广场舞的团队非常多，她们这队每天换穿一种颜色的半袖，一起去跳舞。不同颜色的半袖，二十几块钱一件，每人七件。她参加的这个团队大约二百来人，一起跳，阵势很大。一融入集体，便使自己心情大好。跳完舞，每个人都精神抖擞，意气风发。大家互相感染，与独自在家闷着的老年人截然不同。接受“候鸟式”养老的人情绪放松，心情愉快。

在局促逼仄、钢筋水泥的城市里，和在海南这样的环境下，心情确实会非常不同，而这当然也会影响老人的身心健康。旅居养老需要一定条件，老人或者子女具有较强的经济实力，能够支付旅居养老的费用；还需要老人本身能适应不同的环境，愿意接触陌生人；当然身体得好，可以乘坐飞机、火车等交通工具。旅居养老适合两人或两人以上的人相伴养老，彼此间相互有个照应，能处理突发情况。如果没有条件旅居养老，也并不妨碍让自己的晚年生活过得丰富多彩一些。

老年生活要想过得有质量，需要老人尽量做一些使自己觉得快乐、有一定兴致的事。健康的活法，不同的人有不同的选择，按自己的心愿做想做的事就好。

有一位八九十岁的银发老人，她叫王行娟，在离休之后着手创办了北京红枫妇女心理咨询服务中心，后来又创立了为单亲家庭进行心理和社会服务的方舟家庭中心。她集结了一批志愿者为女性服务，成为广大妇女最为亲密的同行人和知心朋友，这些人中有不少上了年纪的人。她们以弱势妇女、儿童为主要对象，以心理辅导和社会工作为主要方式，用生命影响生命，关注妇女与儿童身心健康，开展了大量的社会服务活动。

许多老人主动做志愿者，有的在节假日定期参加街道组织的值班。经过一定的培训，她们当中还有不少人报名到博物馆当义务讲解员。还有的老人自己带头，发动社区居民争做公益，多年为贫困山区残障儿童助学捐款，大家攒够一万个公益积分，就得到了社区内相关企业的资助，实现了接那些没出过远门的残障儿童来北京，圆他们到首都看看的梦。

要想让生活过得有品质，一定要把自己放在生活的中心。弄清什么是自己内心真正认为快乐的生活方式，做自己喜欢做的事，尽己所能去实现。不在乎是否能赚钱，但一定要有生活情趣。优雅是一种姿态，可以用丰富的精神追求来对抗经济的制约。优雅地老去，这种境界需要一定的文化底蕴。想体面地老去，不一定需要多丰富的物质基础，更多是需要选择一种从容淡然的乐活方式。花些时间来滋养自己，琴棋书画、读书上网、花鸟鱼虫、跳舞闲聊、登山打球、唱歌垂钓，这些简单而寻常的无用之事，能让人享受生命的乐趣。

说到模特总让人想到年轻、时尚、前卫等字眼，其实今天这已经不是年轻人才有的专利，光北京市的中老年模特队就有几十支。只要心态年轻、身体健康、有所追求，老年模特队一样可以精彩纷呈，有诸多网络视频为证。

在模特大赛上，我曾邂逅一位姚女士，她着一身亮丽的裙装，化着精致的妆容，举手投足间气质优雅。她说自己年轻时就对旗袍特别着迷，退休后才有了更多时间投入这个爱好。偶然的机会让她加入老年模特队，爱上了模特表演。她在自己的小区里组建了老年模特队，平均年龄五十多岁。大家一起锻炼很开心。

模特不仅对身材有要求，对气质也有要求。在日常的生活中，大家很注重养生，她们觉得日常坚持锻炼比吃什么保健品都强。姚女士深有感触地说，最重要的是一定要早睡早起，保证充足睡眠，这是一种很好的美容措施。她们模特队员坚持每天早晚锻炼，先热身，跳自己独创的健身操，晃晃胳膊，动动头，伸伸腿，然后开始走模特步伐。模特步伐要求外松内紧，挺胸收腹，提胯迈步，每次走都要求提气，不断练习感觉整个身体气血都畅通了。随着锻炼，身体状况也得到了很大改善，气质得到了明显提升，整个人都神清气爽了很多。

在模特队，她们都受益颇多。不必刻意减肥，气质自然而然出来了，自己都感觉变美了。大家在一起很开心，心态也年轻了很多。她们成为社区里一抹亮丽的风景，既丰富了社区里的文化生活，还为社区的健康宣传做了贡献。她们用实际行动诠释生活的真谛，传递健康乐观的心态，绽放出如花似玉的美。

应该说她们是乐活一族，爱健康，坚持乐观的生活方式。保持好心情，常做好事，充满活力，或者说有“精气神”。健康、积极的生活态度，使她们除去了孤独寂寞、悲观失望的消极情绪。“乐活”生活的方式多种多样。现在，不少中老年人对音乐情有独钟，他们有的参加老年合唱队，有的学习各类乐器，还有人组建了自己的乐队。

在国图艺术中心曾上演过一场由业余乐手演出的动人心魄的公益交响音乐会。演奏者大多都不年轻了。这些人在本职工作之余，一直坚持业余练习，水准几乎接近专业水平。他们运用多种演出形式，演奏中外名曲或自创作品，并向观众讲述音乐为他们带来的人生感悟、受到的激励和取得的成功。他们那优美的乐声让人陶醉，用悠扬的旋律传达出深深的爱意！

有一位现场的观众说：“出于对古典音乐的热爱，我经常去听音乐会。这场音乐会是最打动我的一场。在动情的旋律中，爱的柔情一波波沁入人心！无论我们多大年纪，是否是自己的专长，只要做自己喜欢的事，坚持下去，活在快乐中，那我们的身心就一定会健康！我们的爱也会不断地向外传递。也就是说，普普通通的人，按自己的心愿，全身心投入，生活一样会精彩！”

相信自己一定能成为最好的，至少是前行在成为最好自己的路上！正如这些演奏者，虽然都是业余乐手在演奏，但他们对音乐的严肃态度、对乐曲情感的把握，使得他们的演出效果绝不次于职业乐手！他们是最棒的！

如今，参加声乐与摆弄各种乐器的老人的确不少。他们的目的并不在于获奖或取得声望，而是出于热爱，并且这是对自己的健康有益的一种娱乐方式。据相关研究成果显示，对健康有益的最佳方式是唱歌。

人活到一定的岁数，该经历的都经历了，如何才能让自己充实地度过晚年？最要紧的在于心情。无论是在公园、海边拍照，还是拿着麦克风自娱自乐地唱歌，这些老年人都是用让自己开心的方式、豁达潇洒地度过晚年。到了晚年凡事要保持乐观的心态，不必在小事上纠结什么，到了这个年纪没有什么看不开的，按自己的意愿安排好生活才是唯一该做的。有几点需要特别注意：

◎**不必在意别人的评价**。人老了，无论别人如何评价自己的胖瘦美丑，无论怎样评判自己的才艺高低，都学会自己喜欢自己。多老的人，生命都会因之闪烁。很多时候，焦虑和自我怀疑其实是在变相地放大问题。有些事实改变不了，还不如试着去享受能享受的。其实每个人都有不完美，同时也各有优长，相信自己值得拥有最好的，才有可能拥有最好的。

◎ **适当的运动**。要按自己的身体状况选择适合的运动方式。比如跳广场舞、打太极拳，做些不太过激的运动。只要喜欢，什么都可以尝试，哪怕是每天去公园遛个弯也好。专家常说散步是最安全、最好的运动。切不可懒惰不动。得空时经常做点有益身体的自我保健。比如用手拍打全身，起到促进血液循环的作用；定时抻抻筋骨，逐渐提高身体的柔韧度；量力而行，循序渐进地达到预期效果。

◎ **定期体检**。上了年纪最好每年都体检，通过体检来督促自己发现问题，及时就医治疗，保证身体的健康。饮食要清淡，合理健康膳食很重要。年纪大了，许多慢性病会接踵而来，正视和接纳衰老的到来。不再暴饮暴食，把烟酒等不良嗜好逐步戒掉，平和地安度晚年。多做一些自己愿意的、对社会与他人有益的且能做的事，晚景就会充实、快乐！

鸣谢

Express

感谢凌军、沈睿、田卫平、刘纳、秦宝华、郇青松、杨眉、刘伯红、侯志明、丁东、邢小群、张红萍、赵睿等诸多师长在我撰写此书过程之中，给予的种种大力支持与帮助！

感谢众多撰写老年与女性话题文章与图书的作者给予我的诸多启示。